Durante alguns meses de 2019 um grupo de fotógrafos lançou seu olhar sobre o insólito e o banal da cidade de São Paulo e de seus próprios cotidianos.

Mesmo com estilos e conceitos diferentes, suas imagens dialogaram entre si, criando esta amálgama de CONCENTRICIDADES.

É esta espiral de imagens em torno dos mesmos temas e do caótico espaço urbano em movimento concêntrico que forma a unidade deste fotozine.

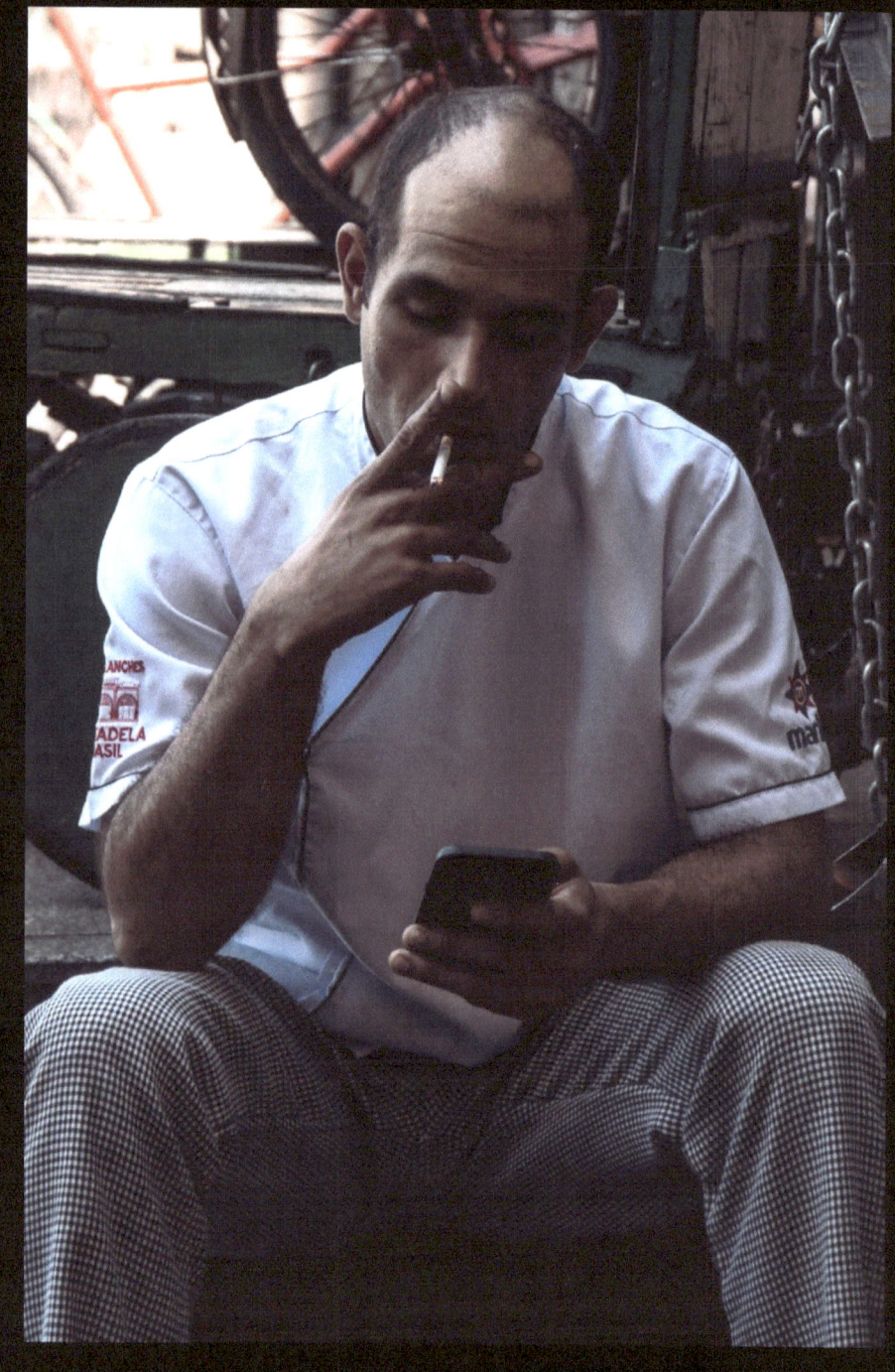

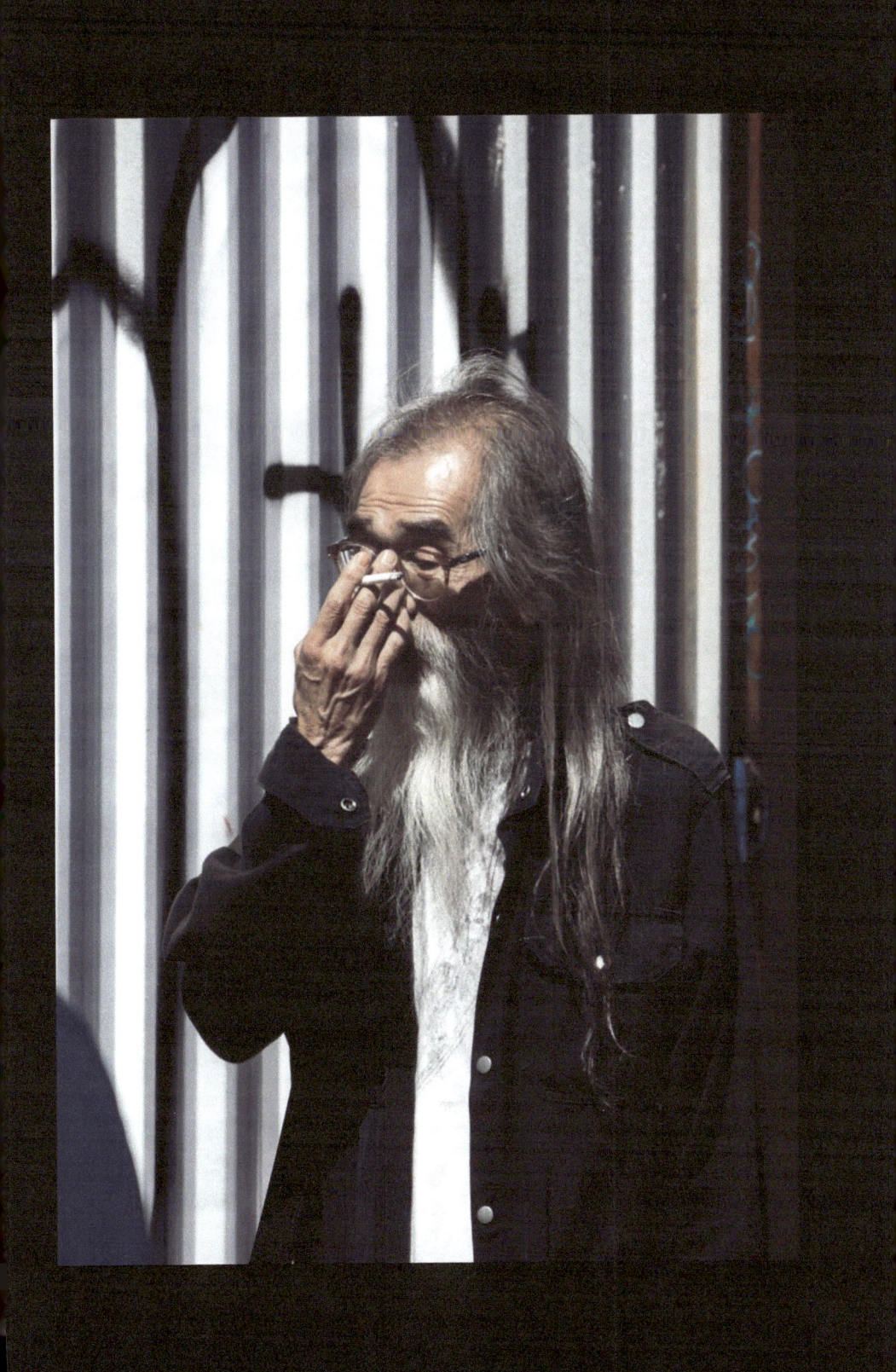

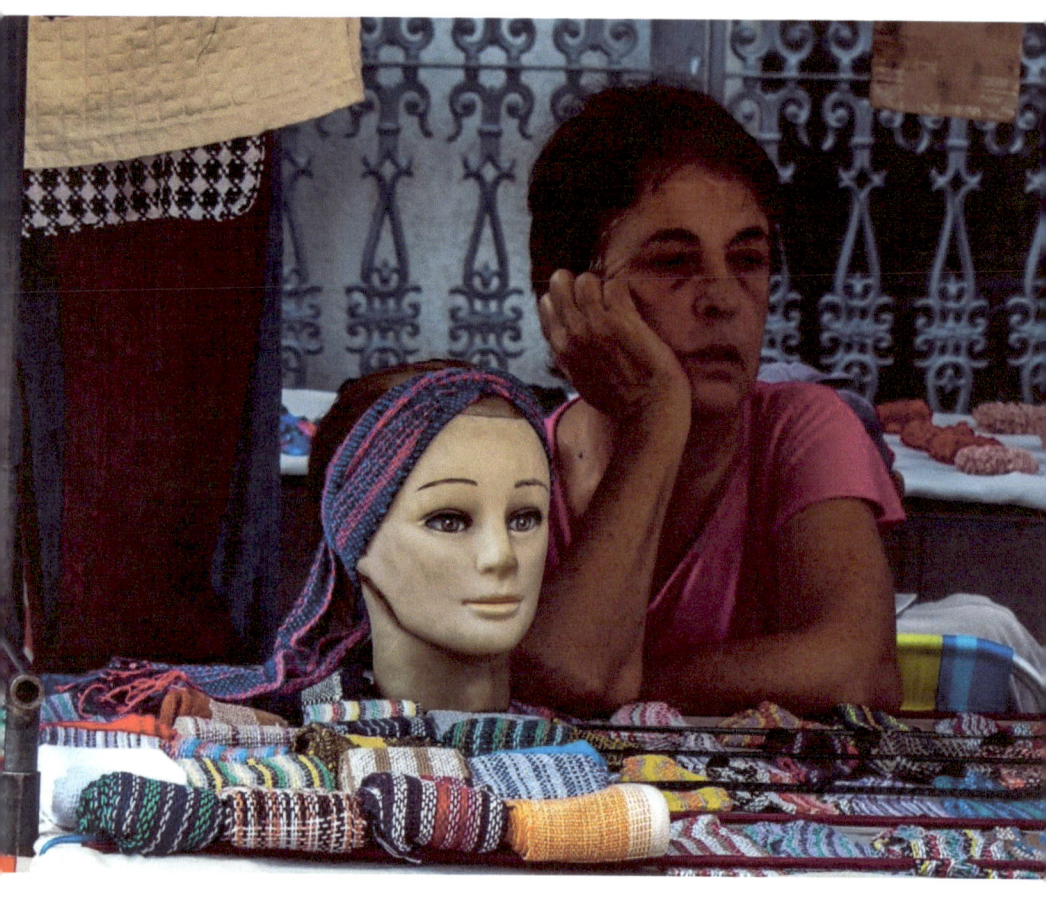

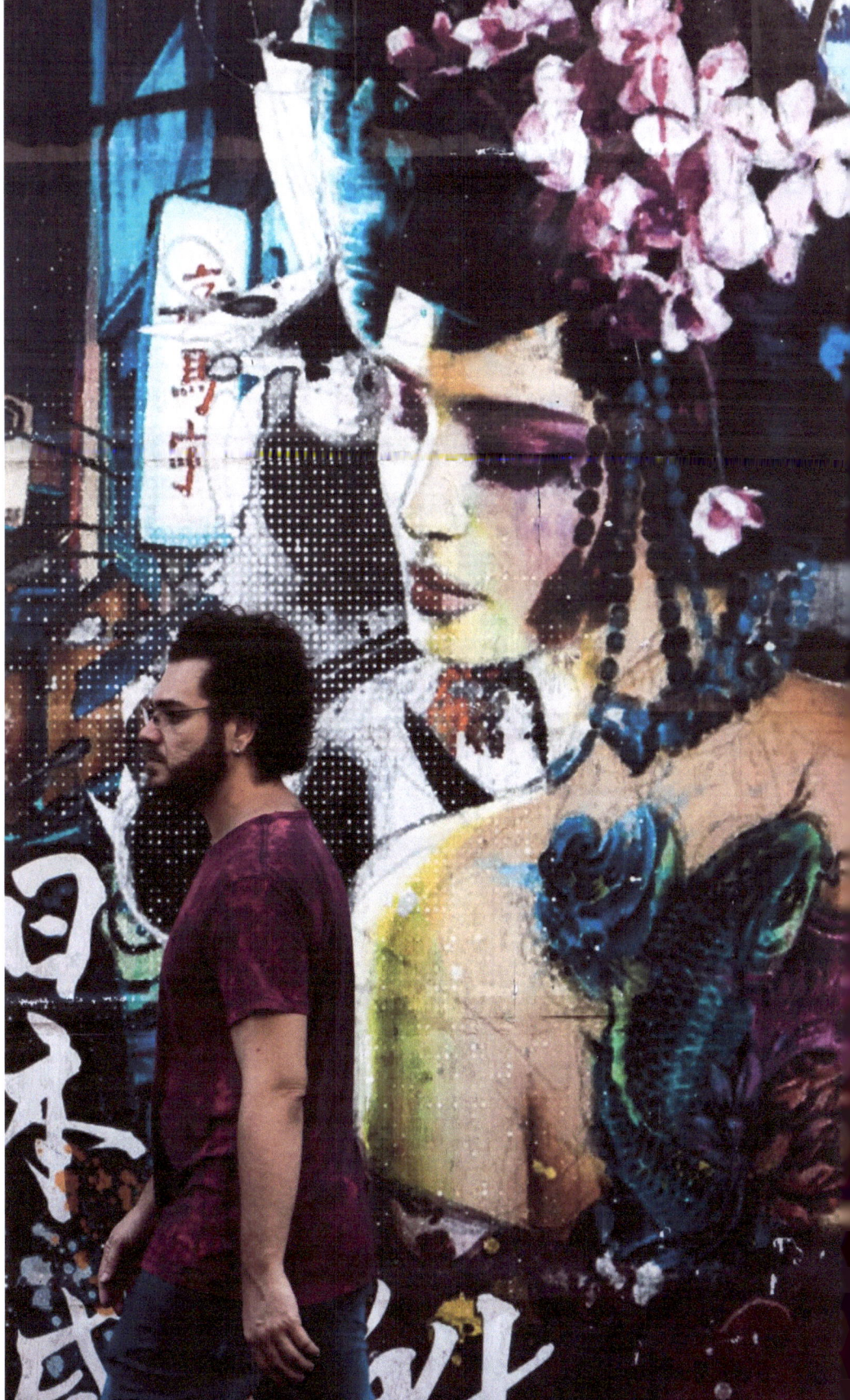

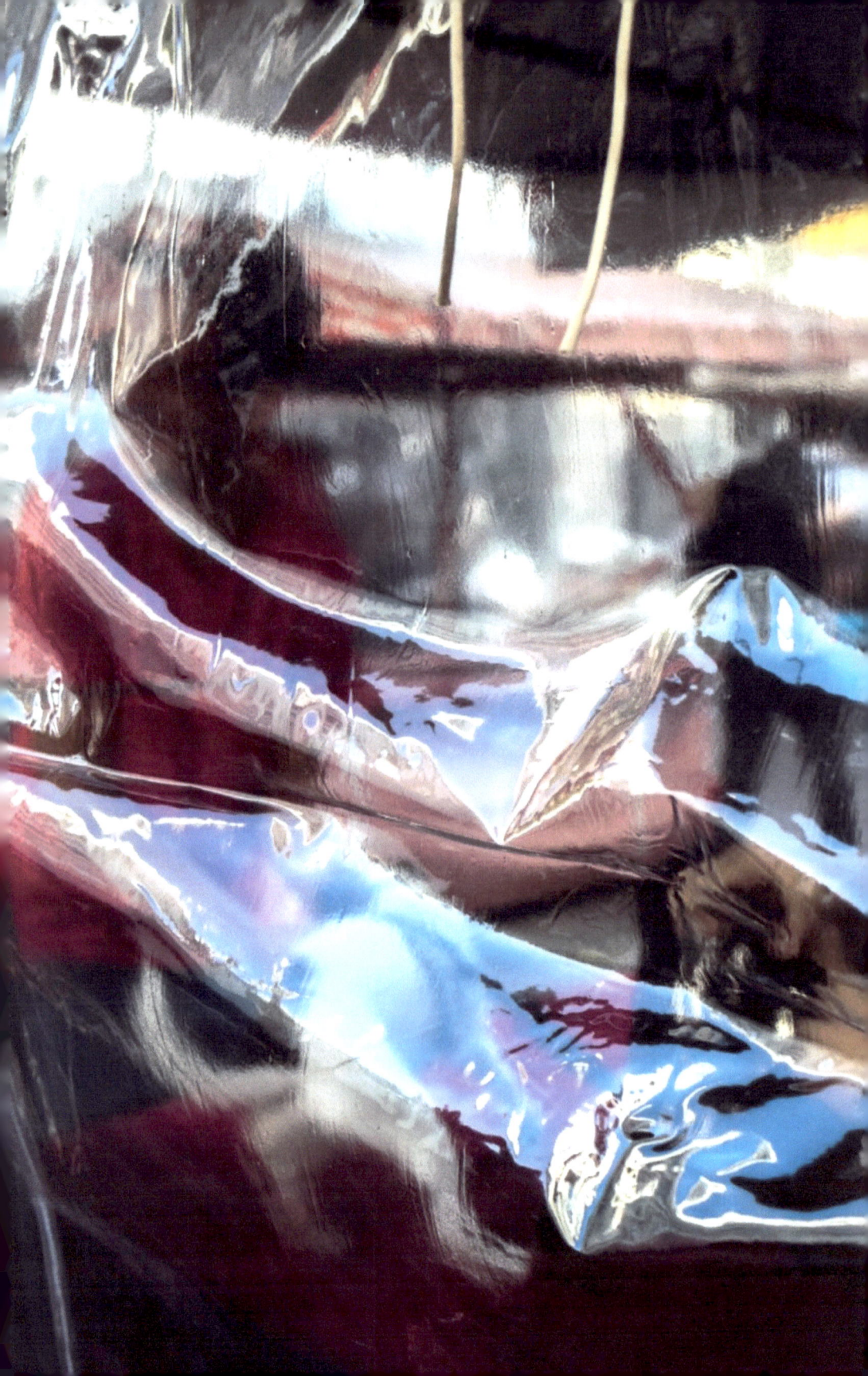

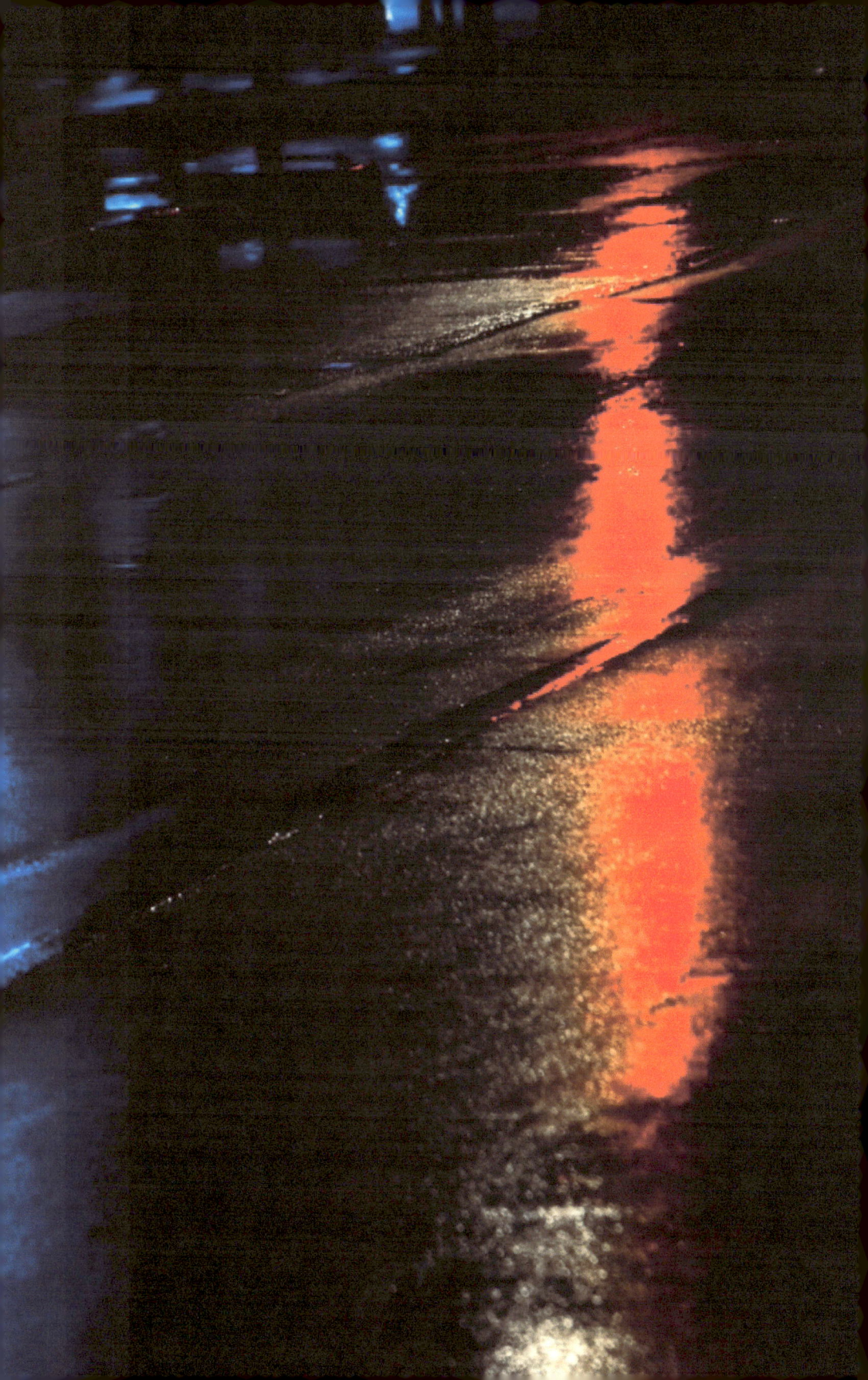

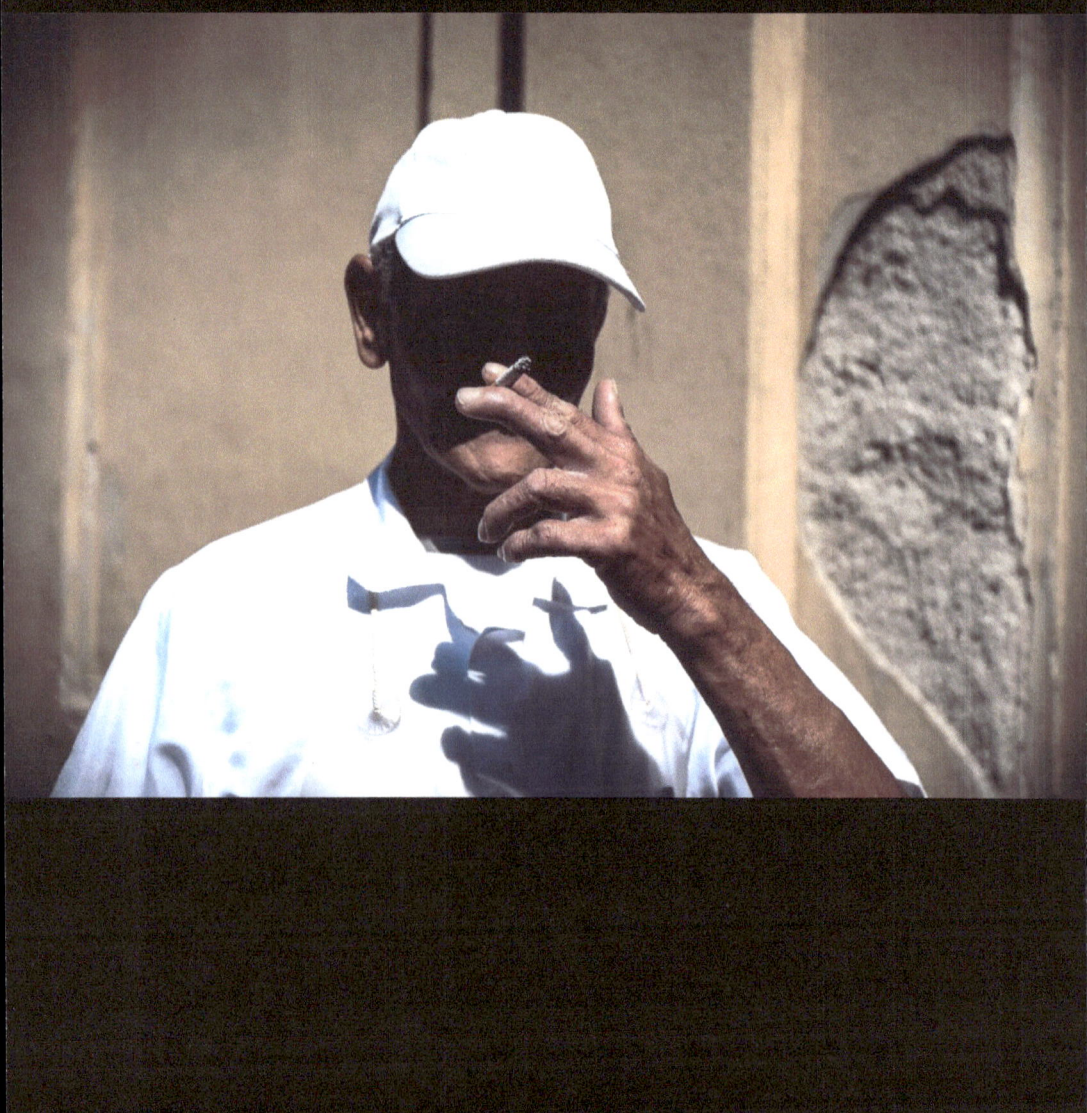

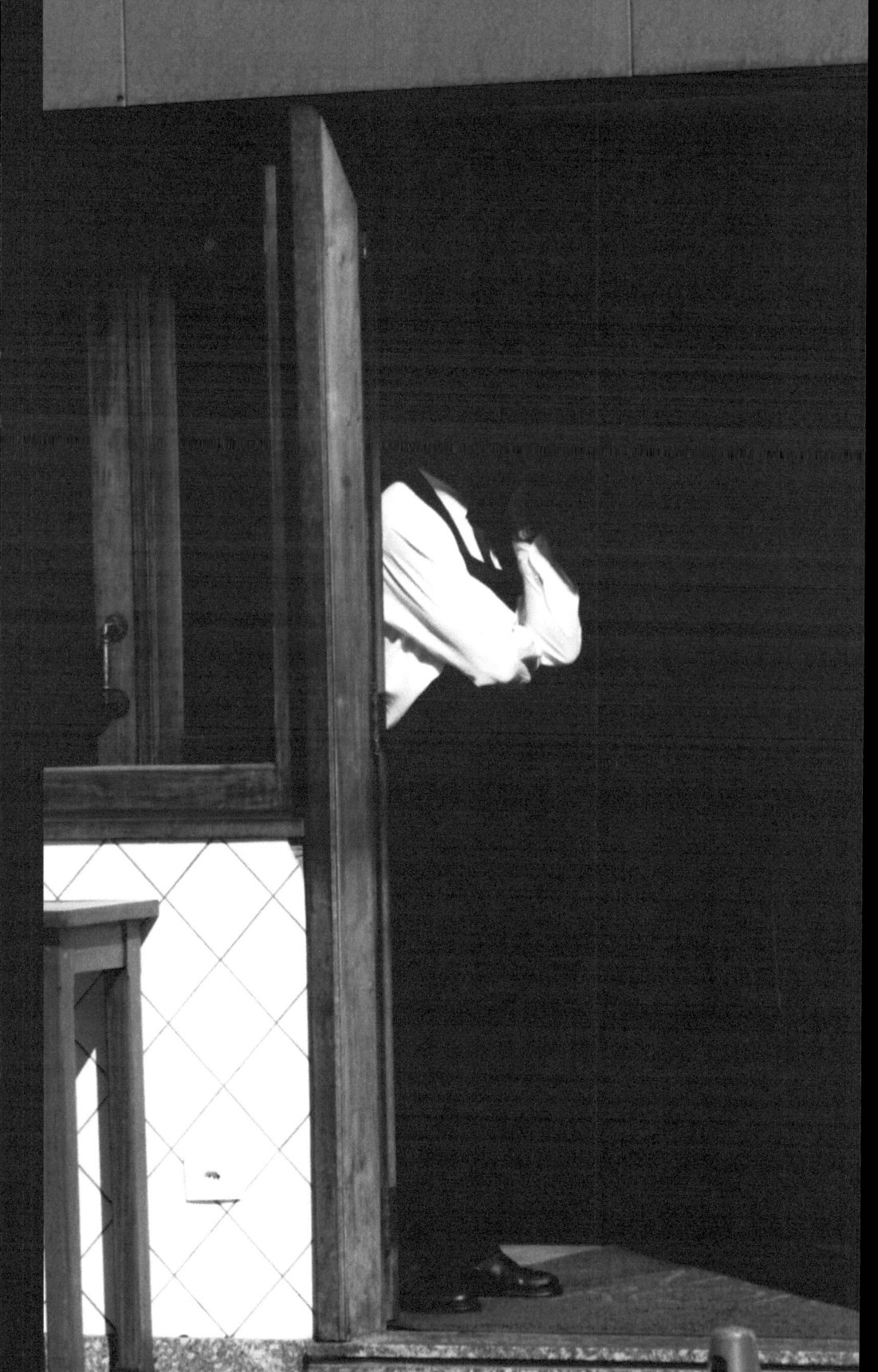

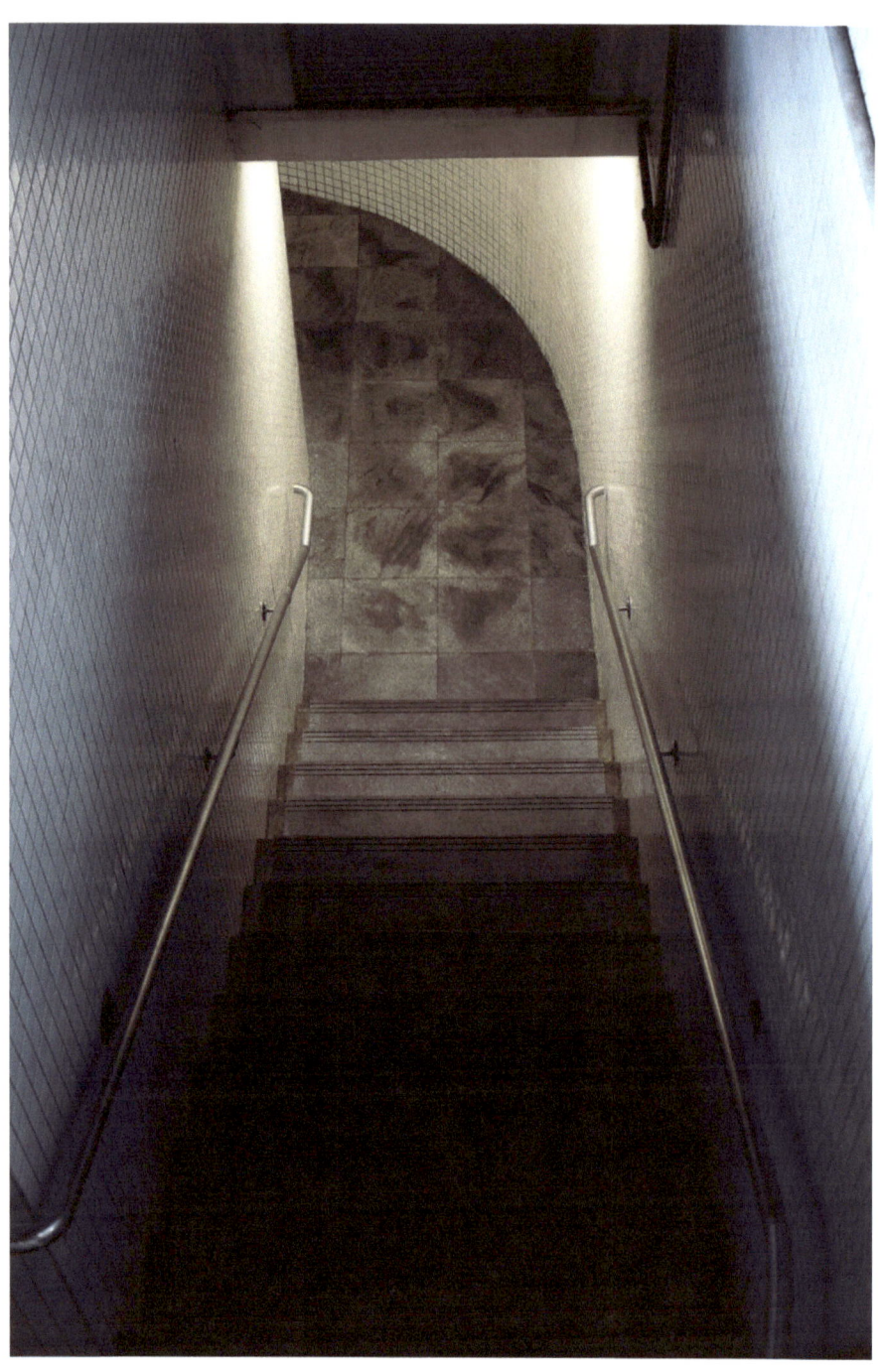

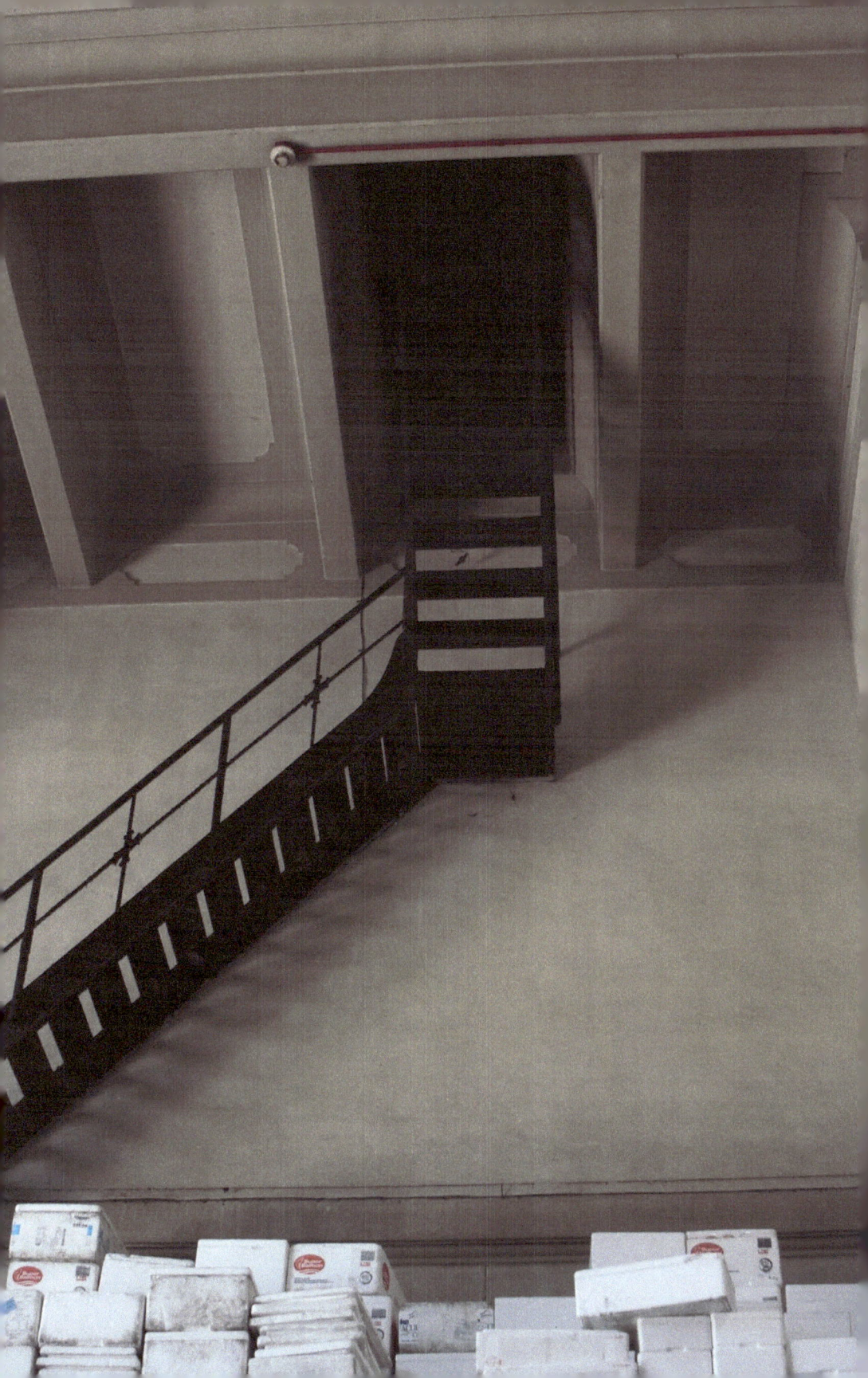

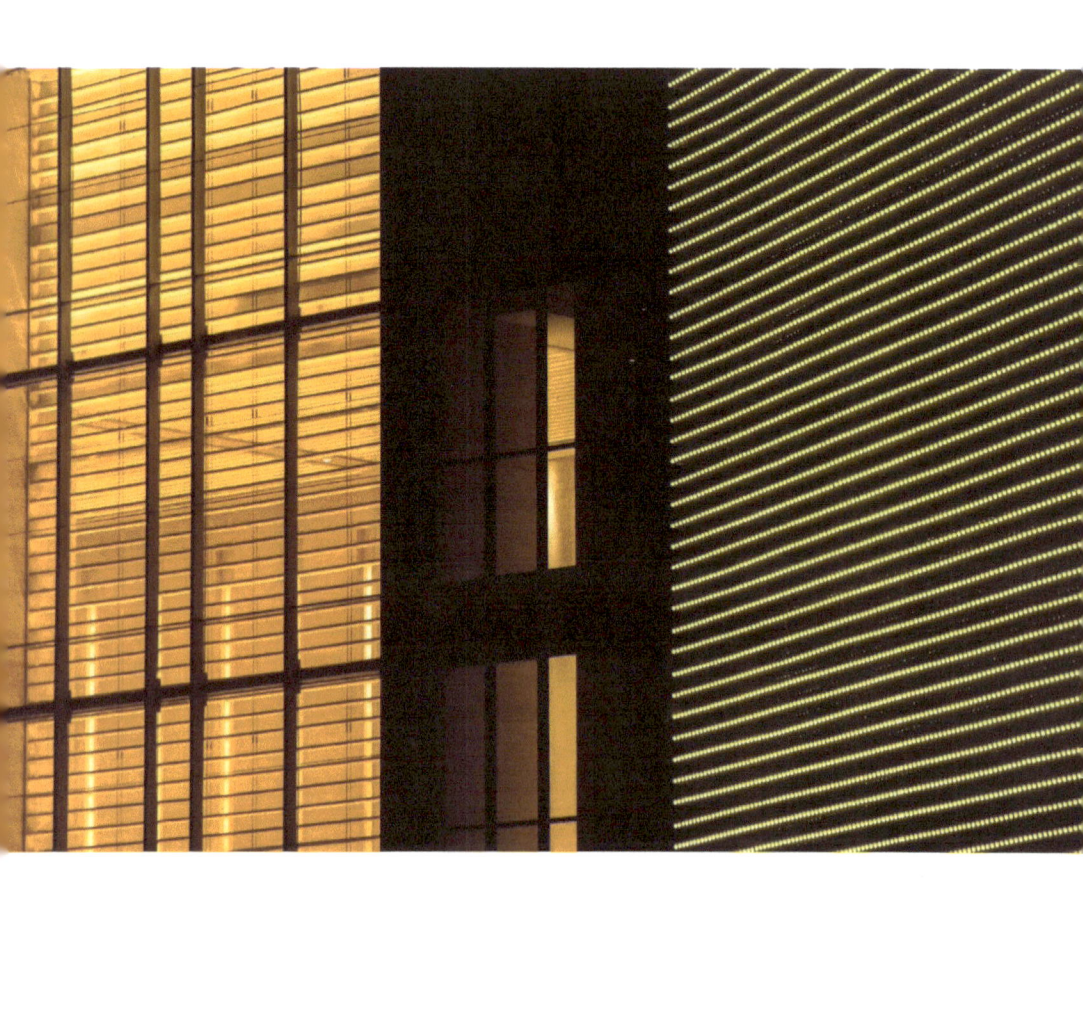

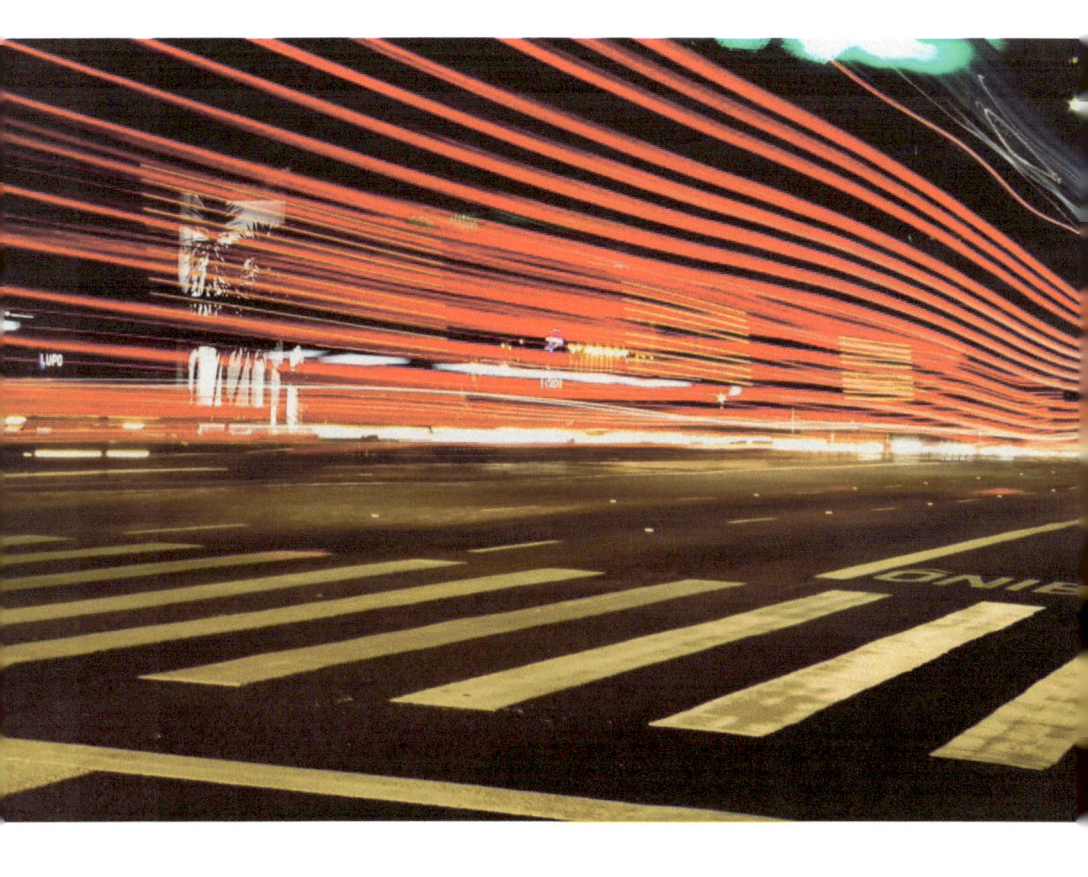

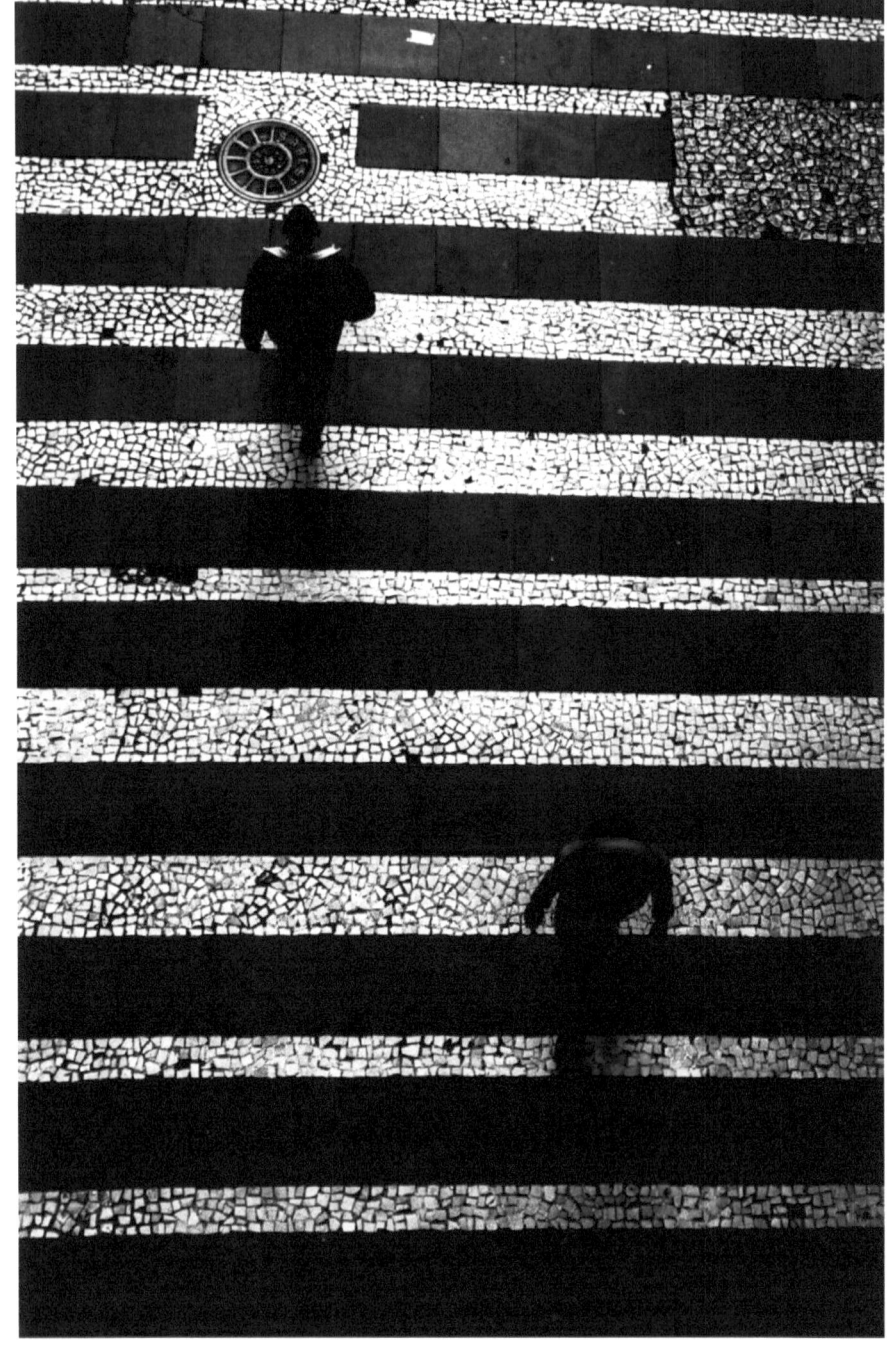

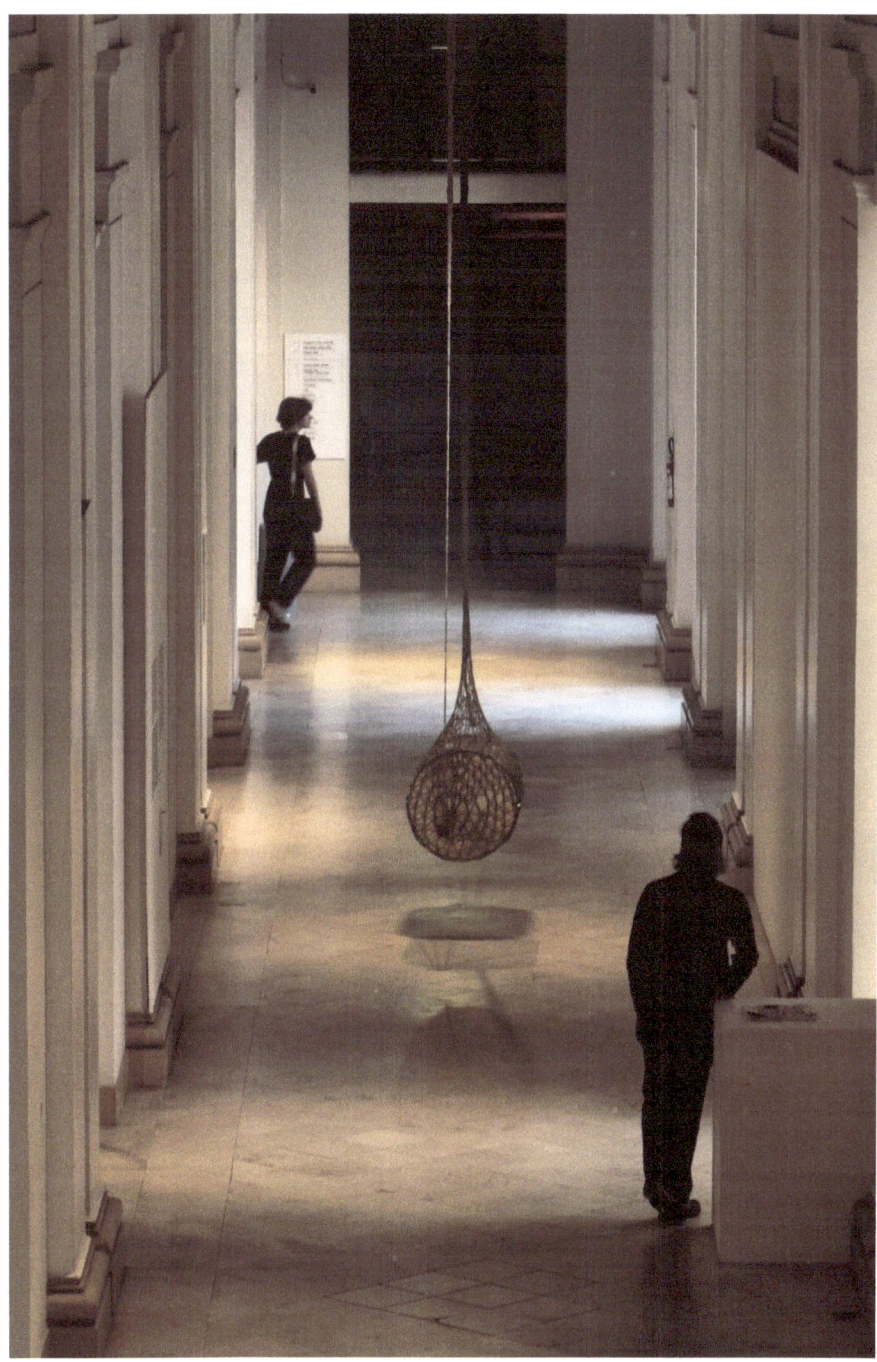

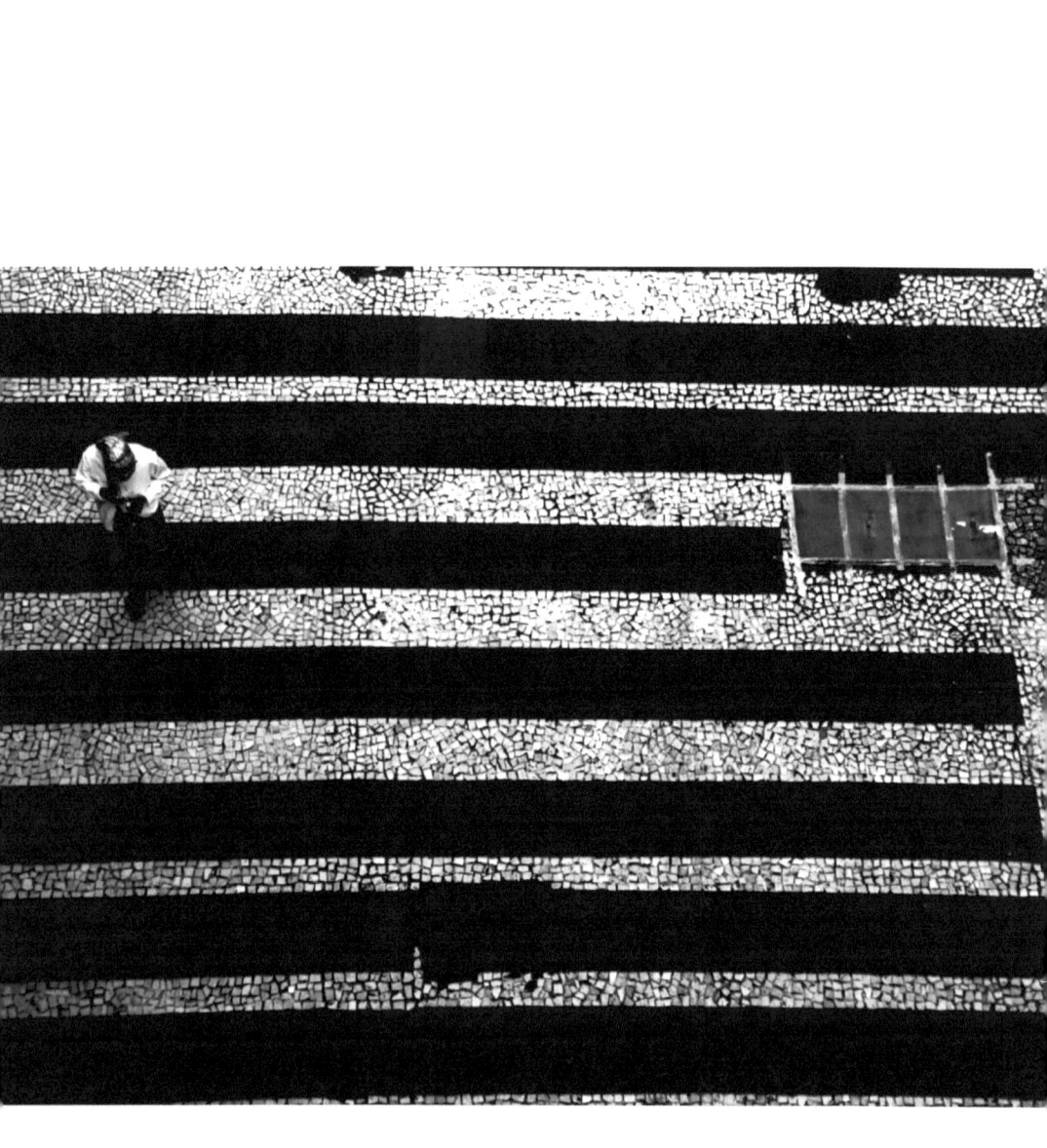

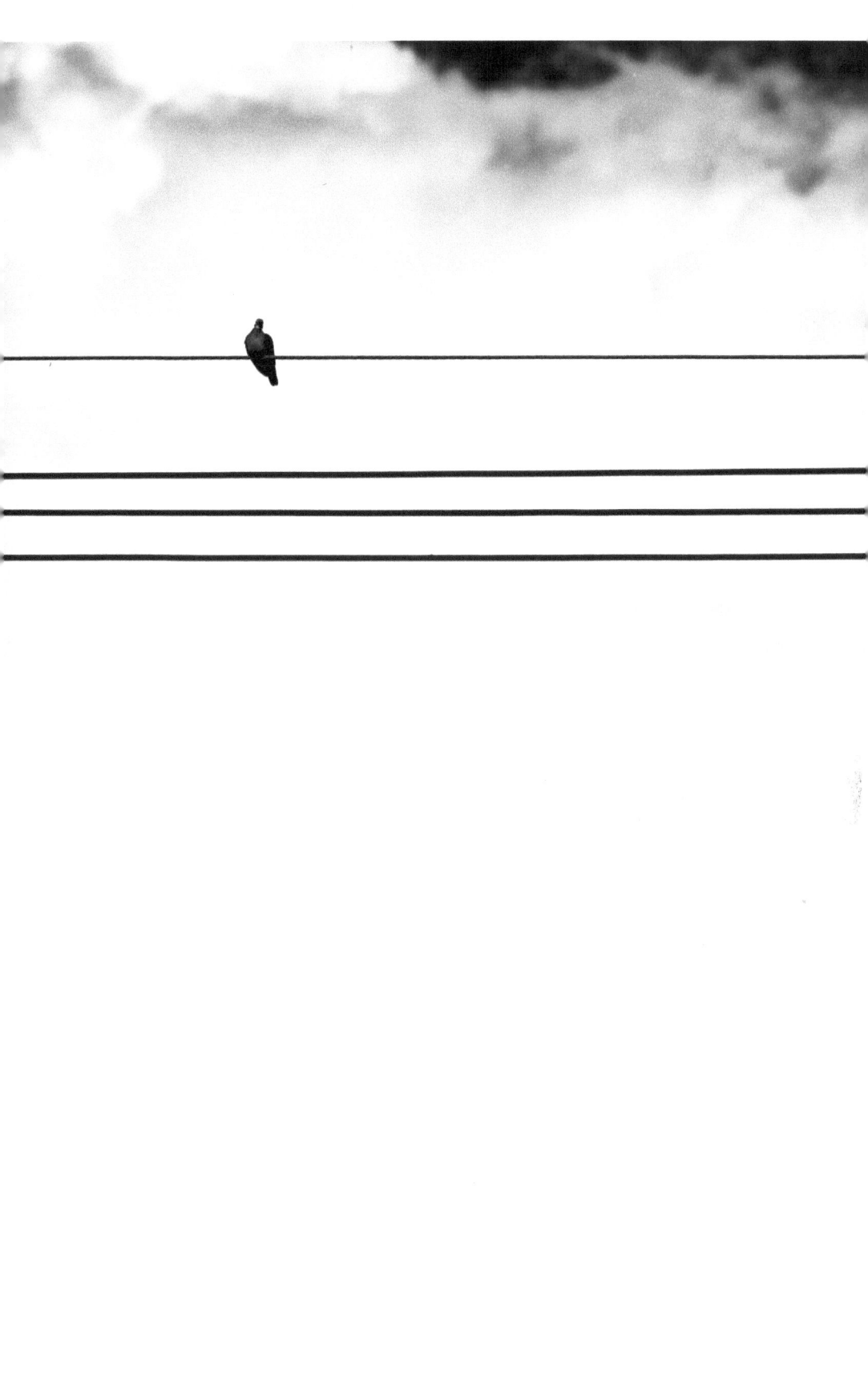

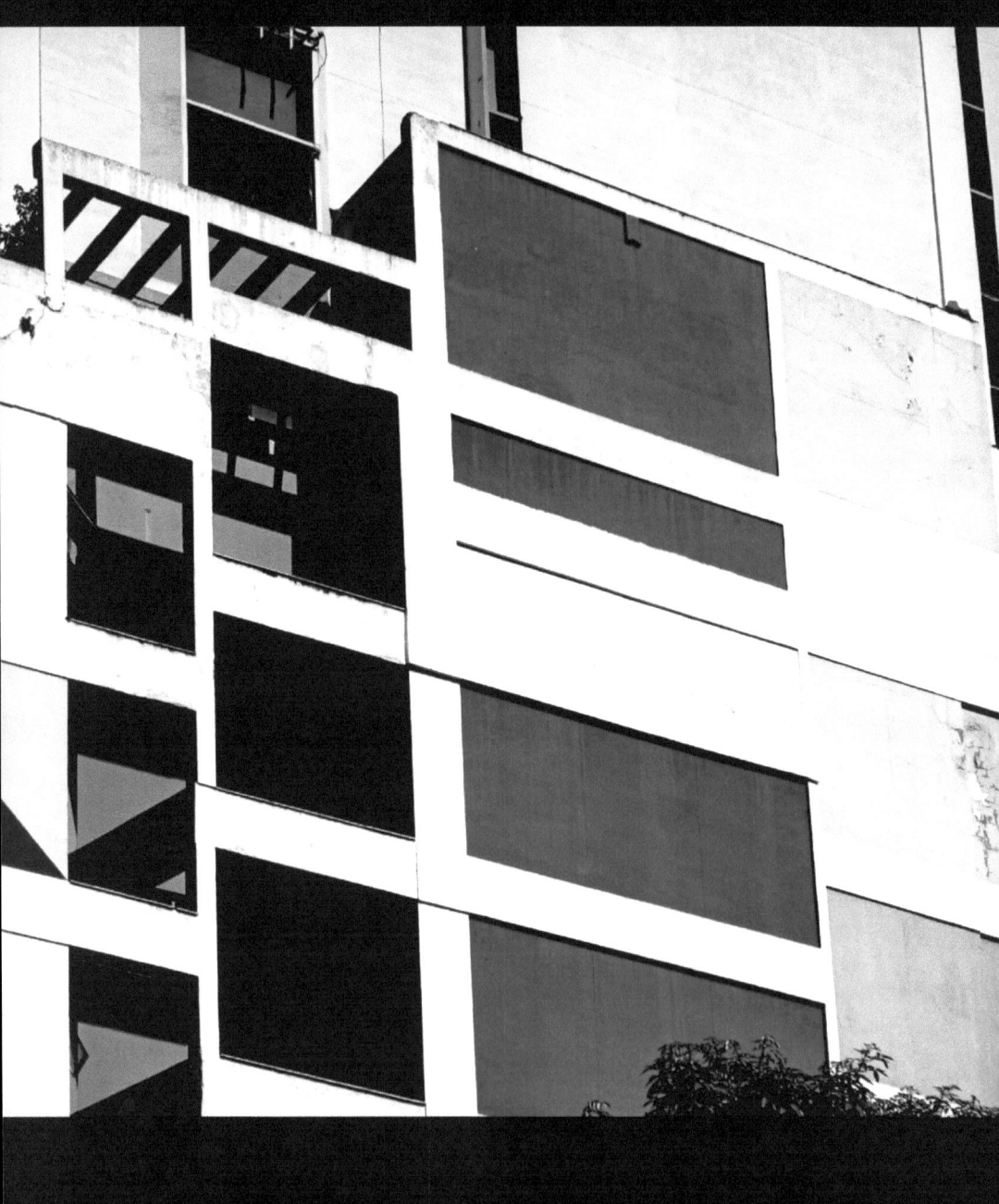

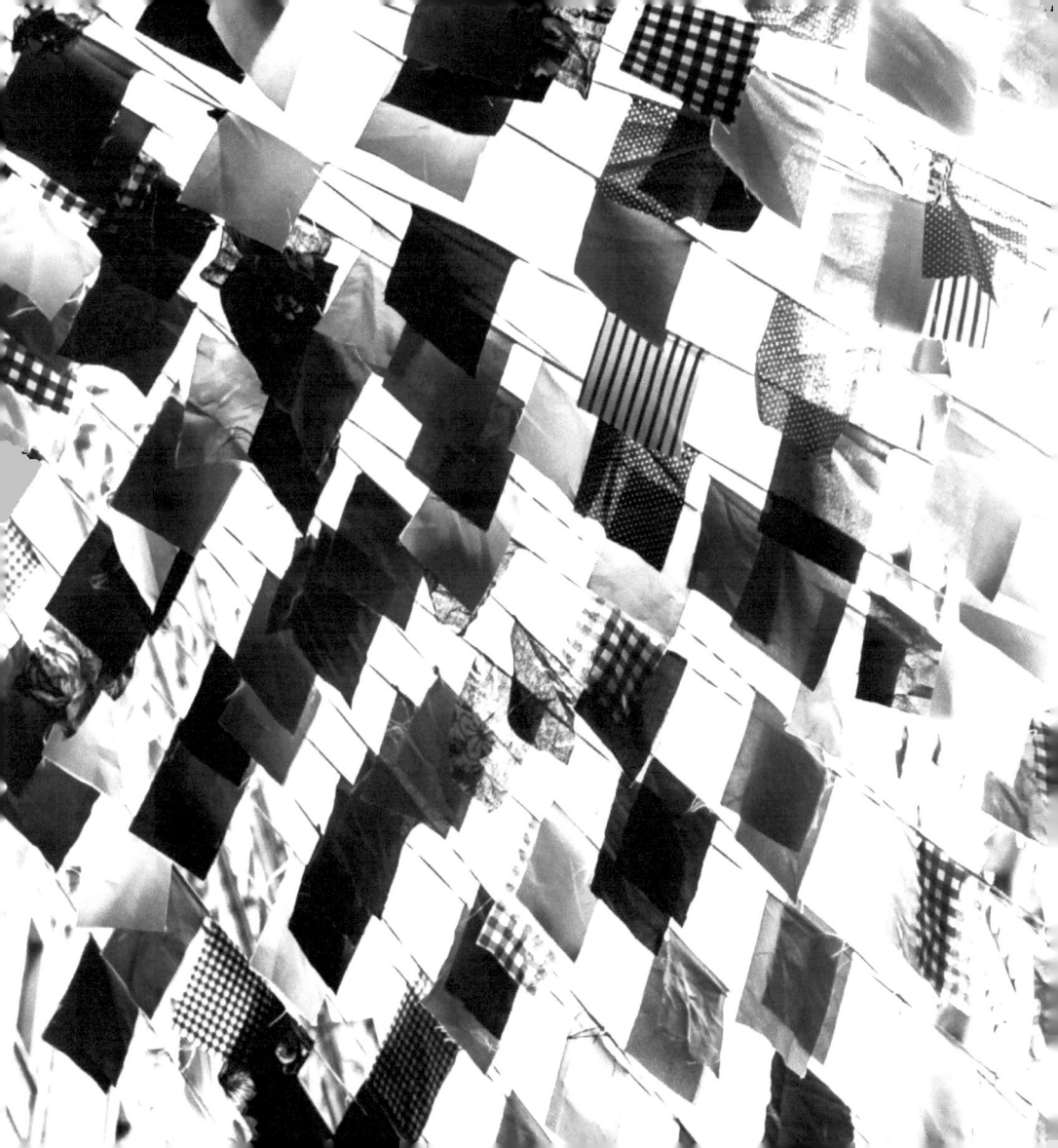

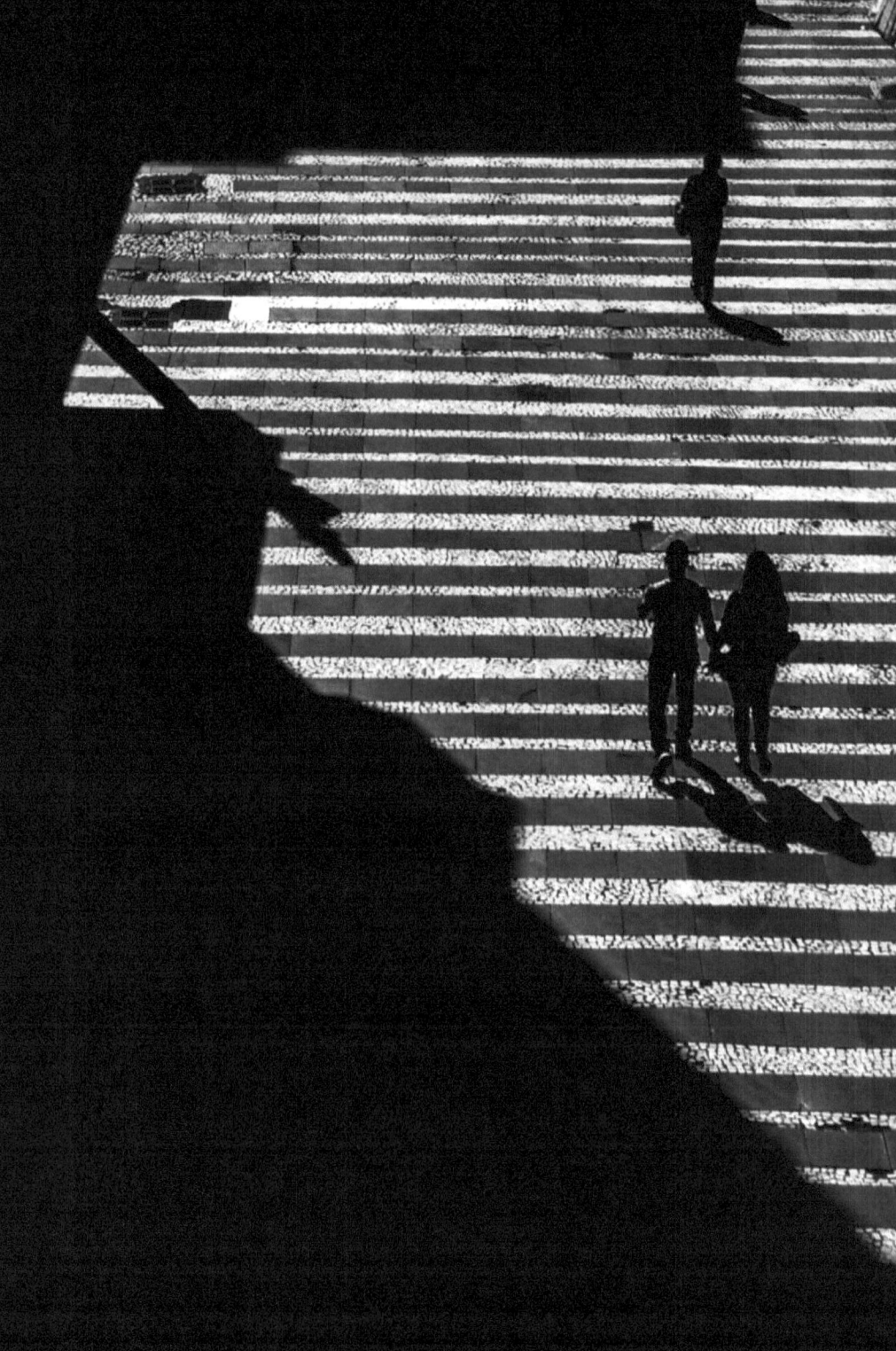

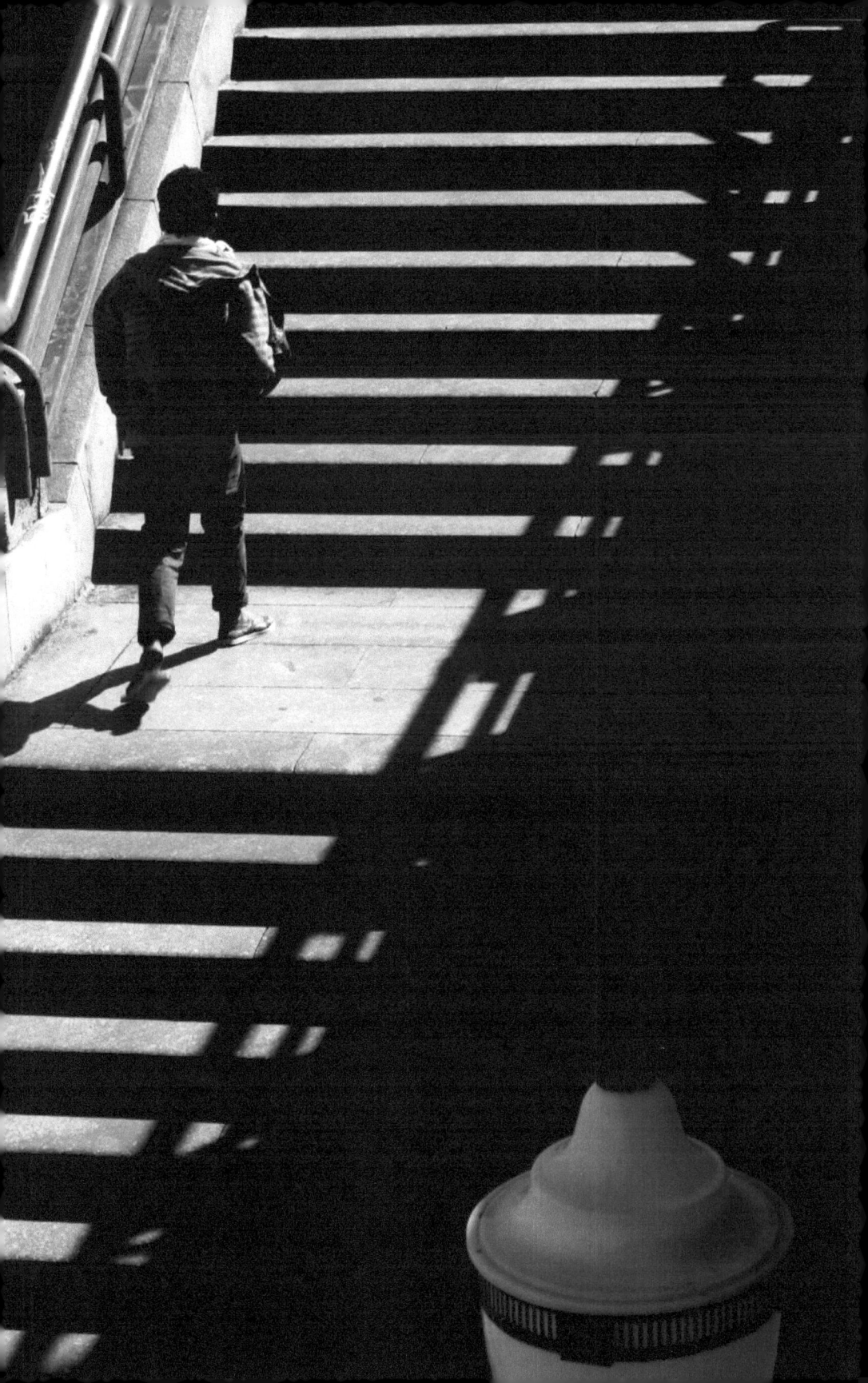

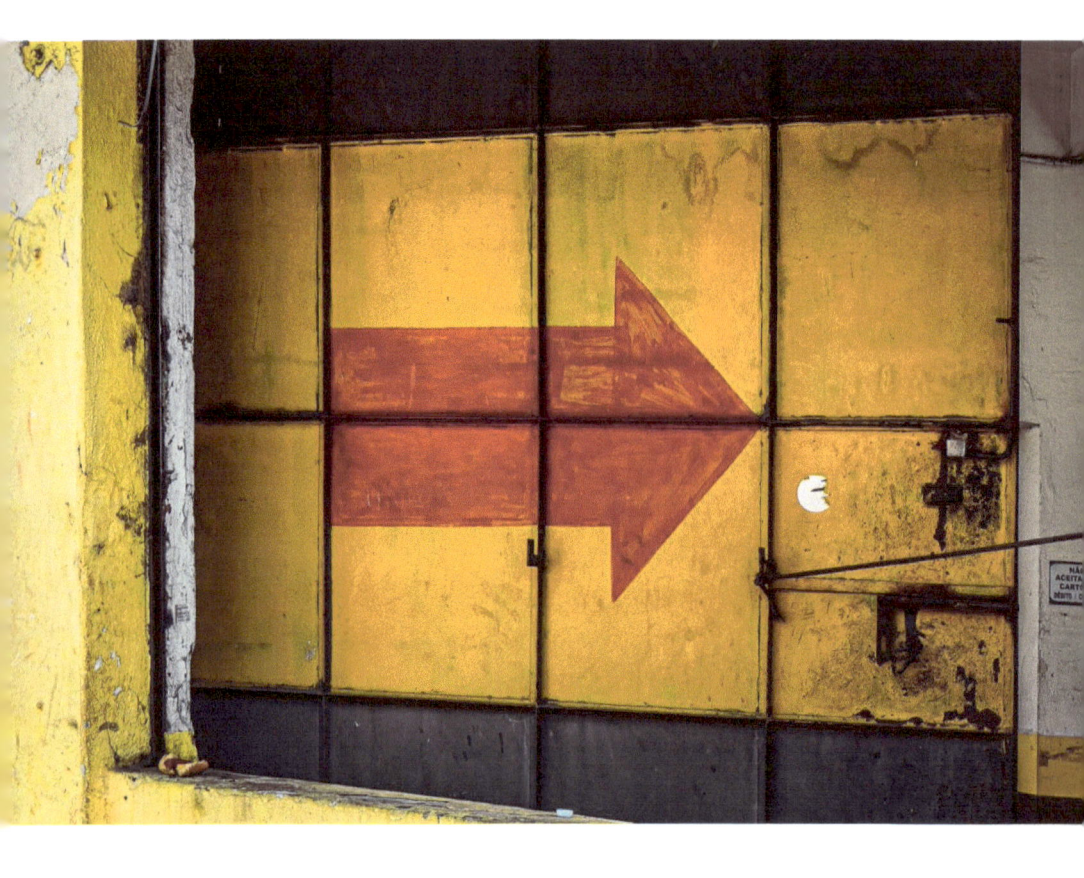

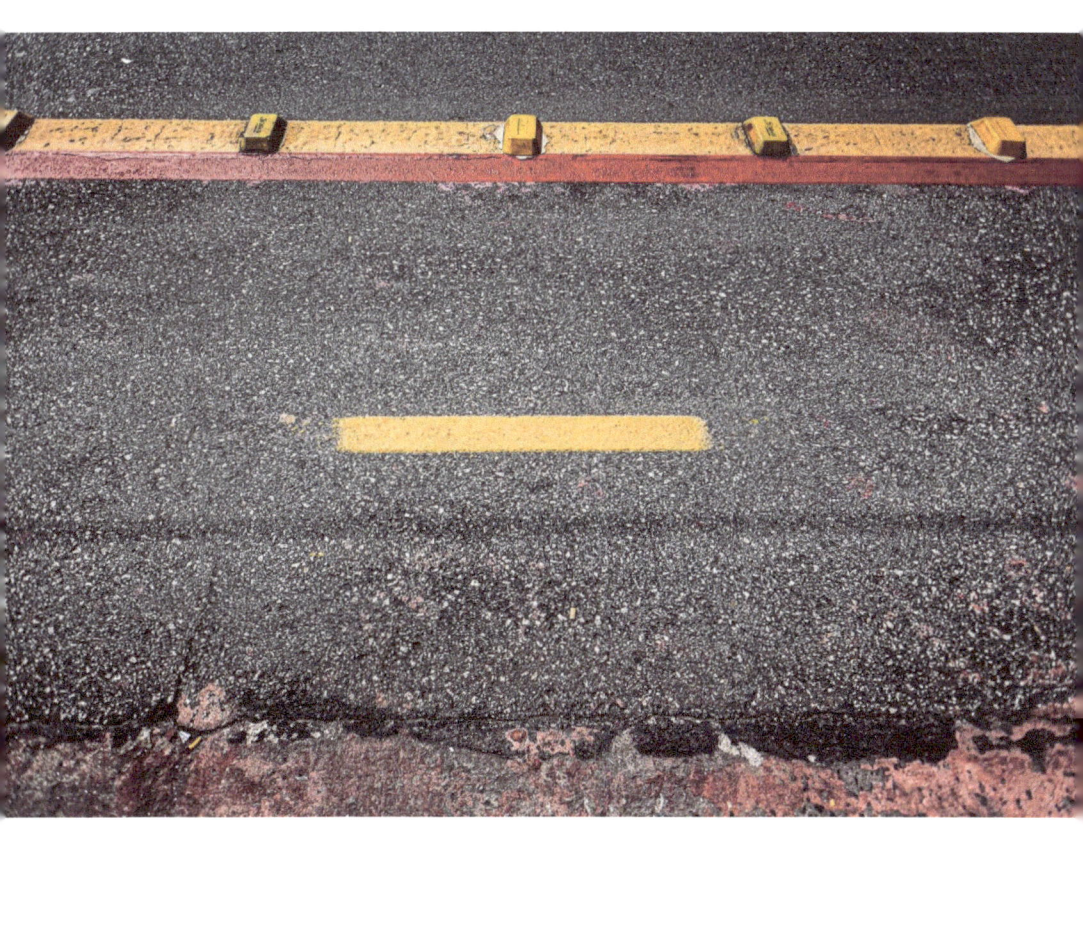

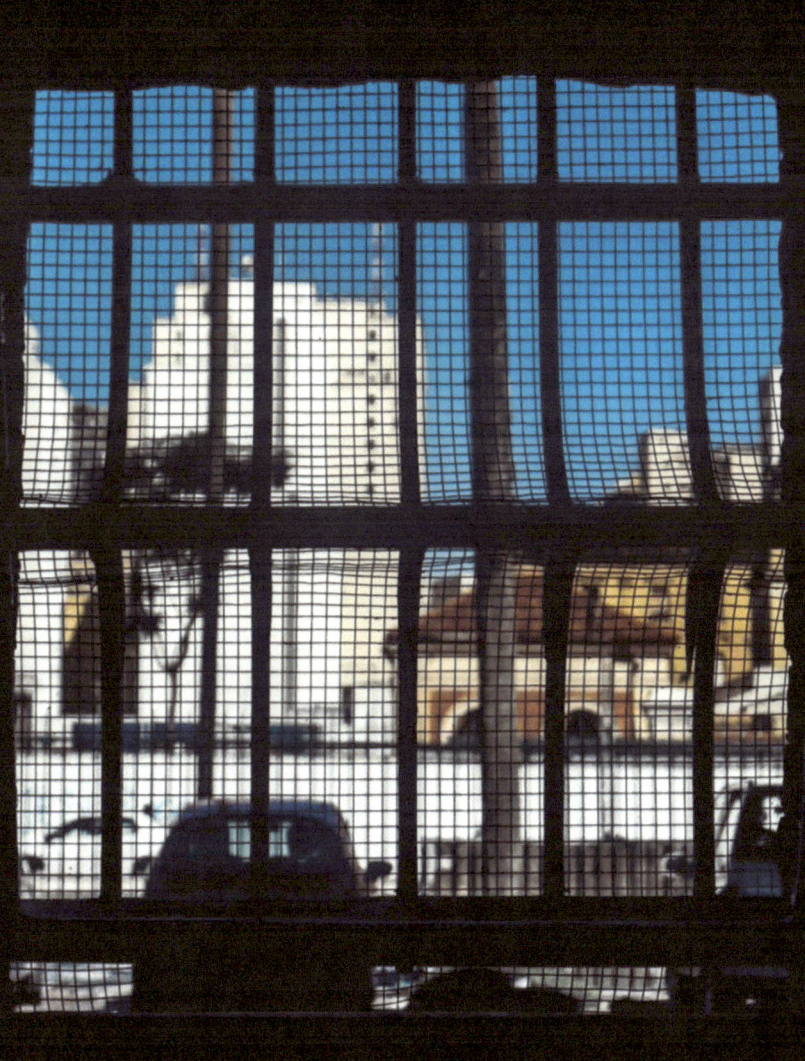

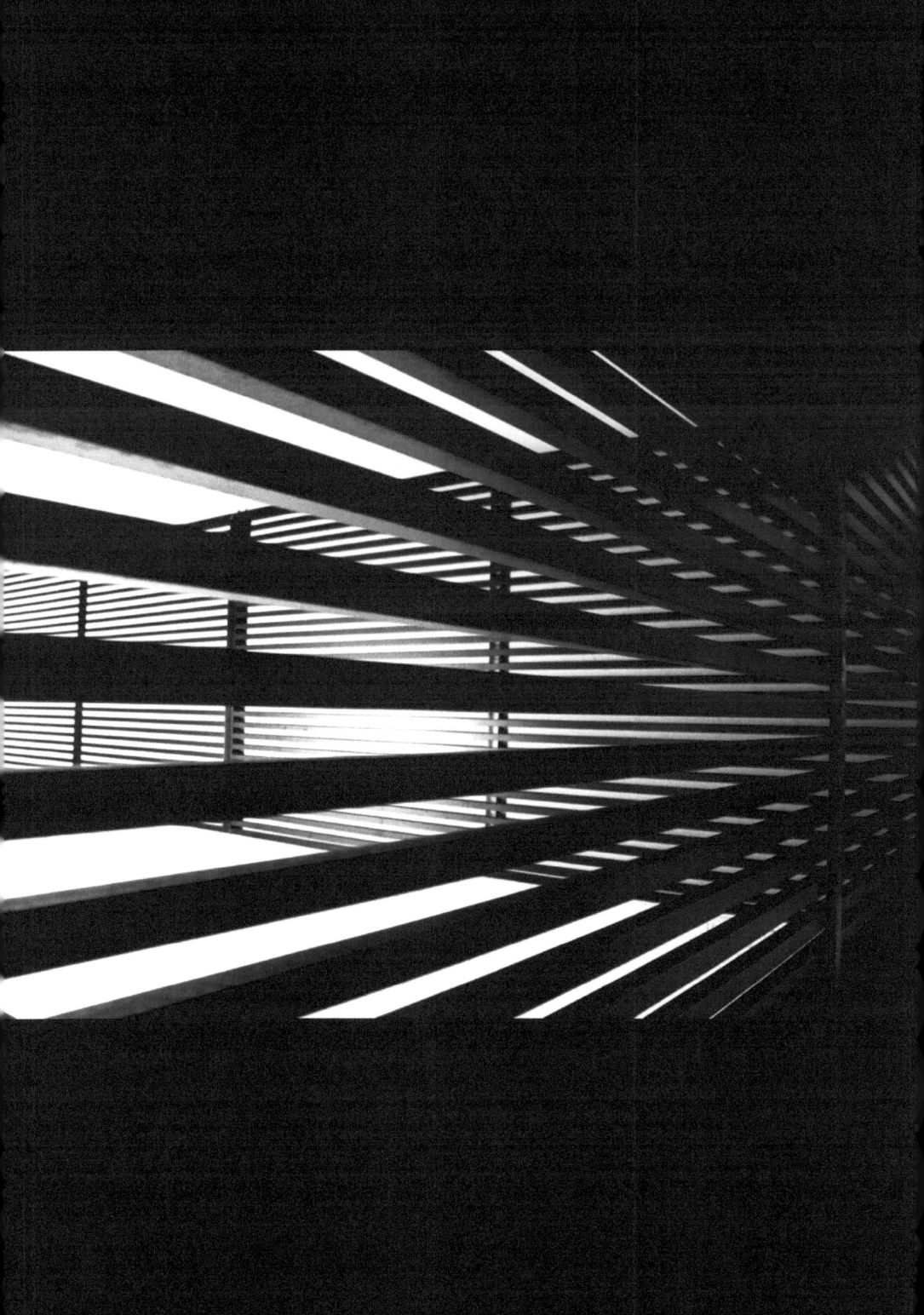

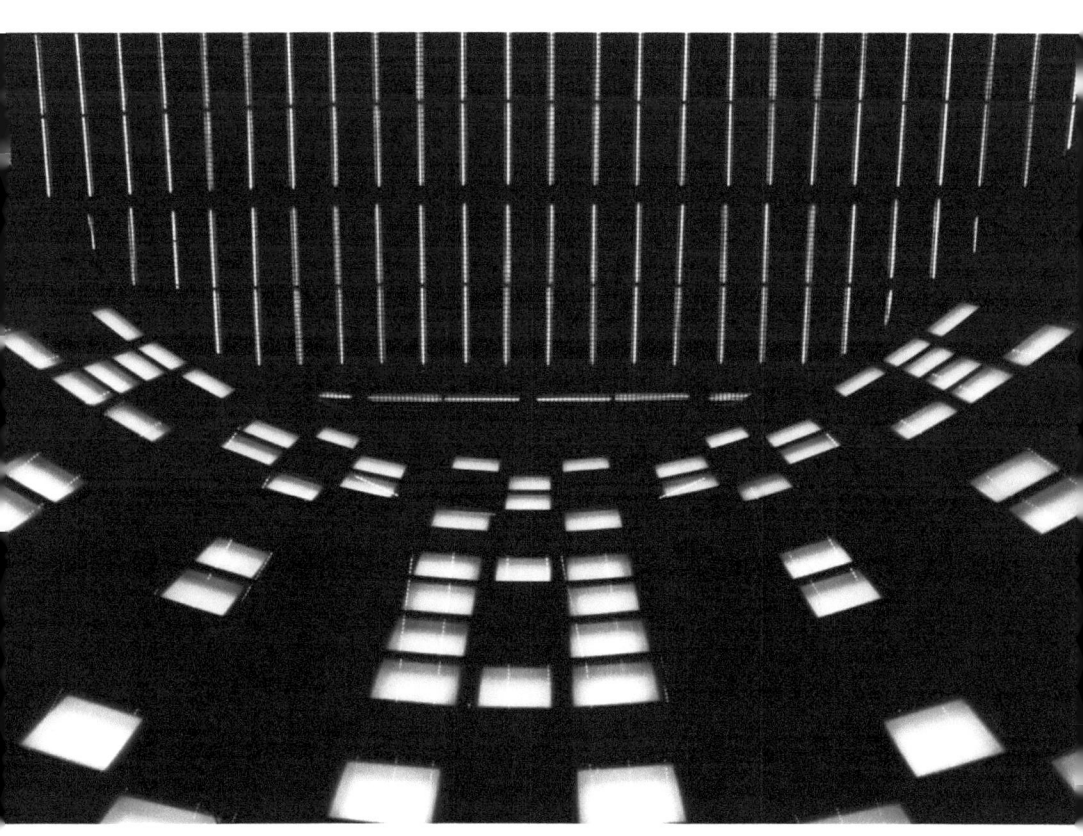

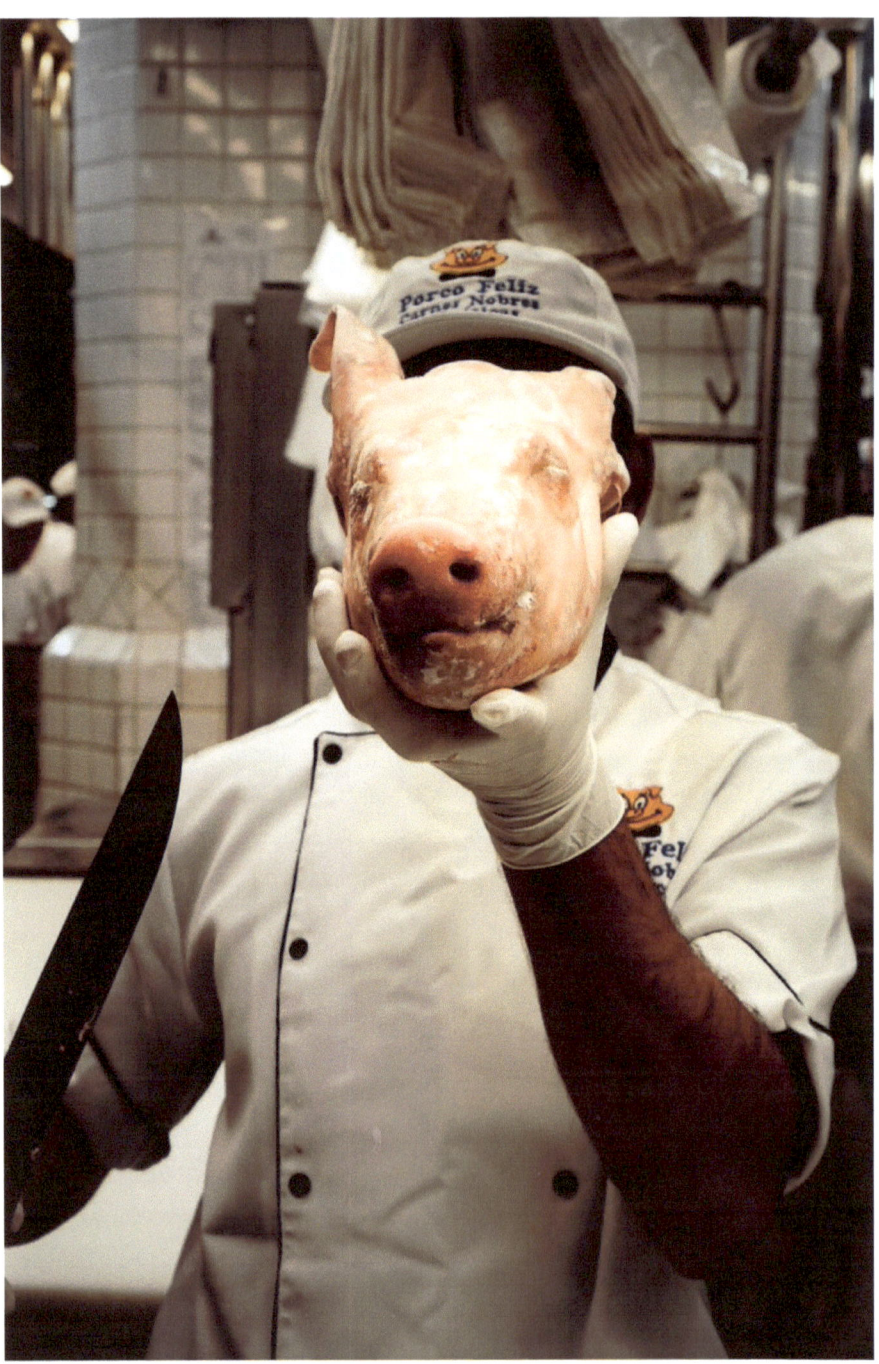

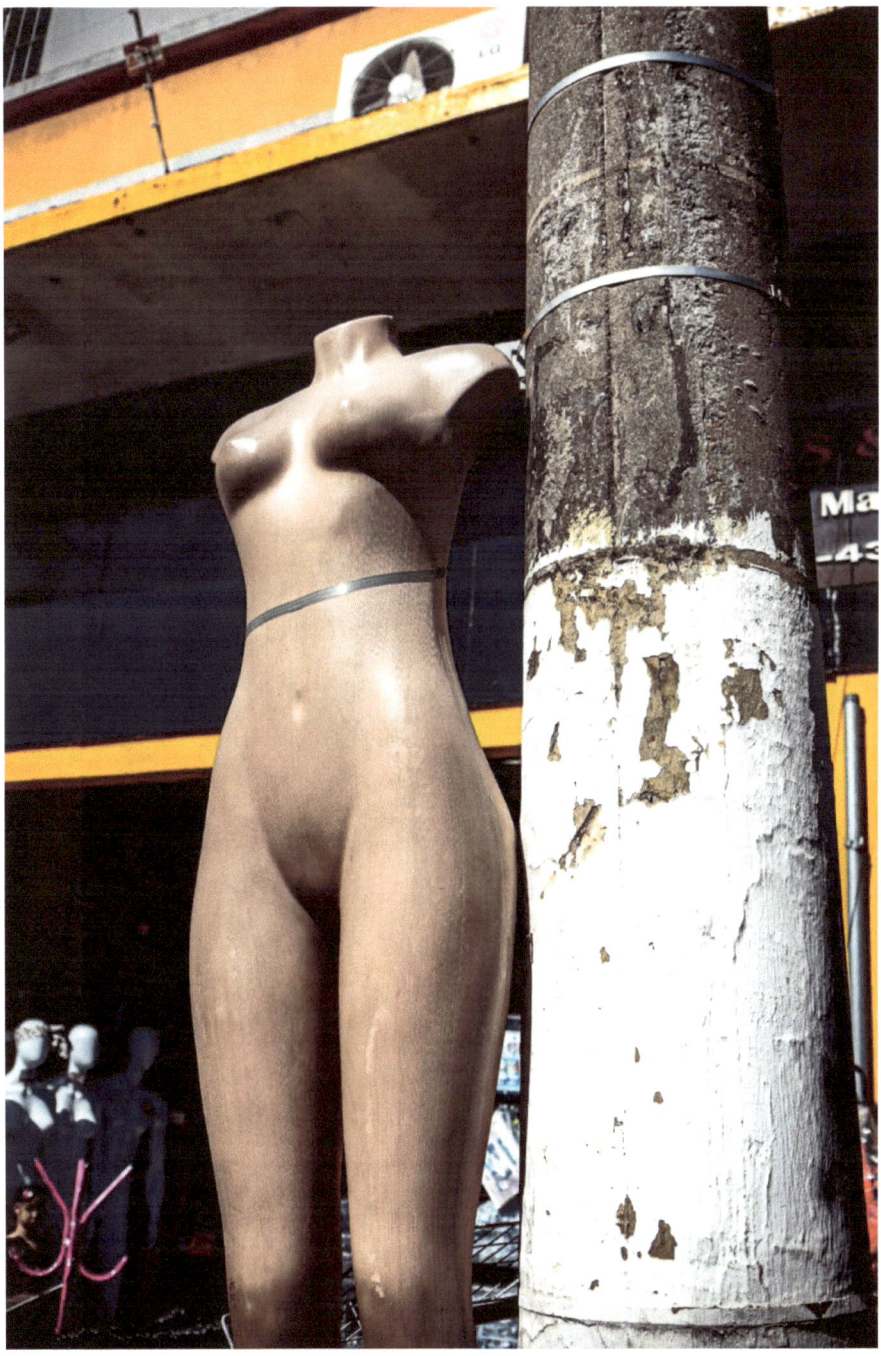

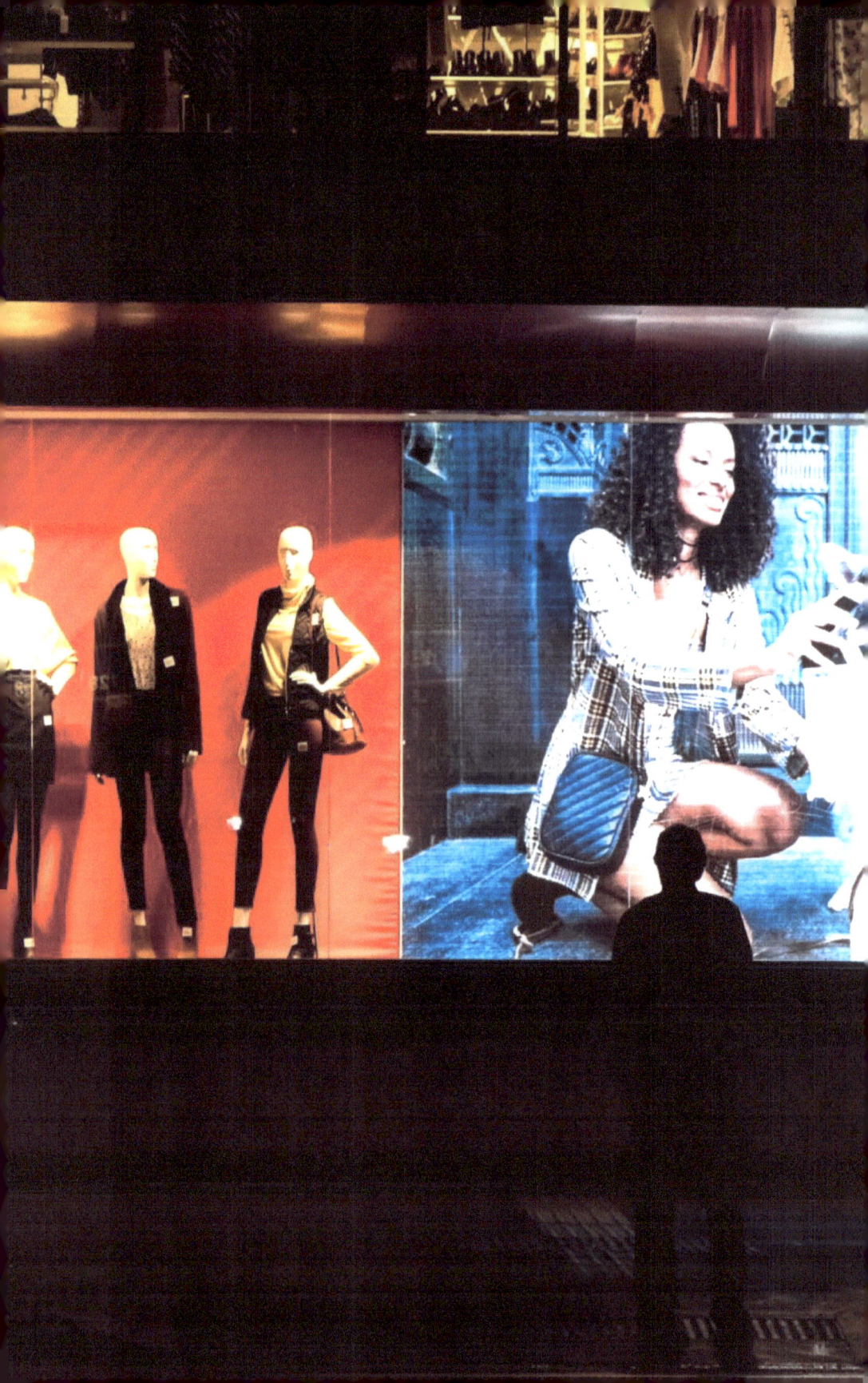

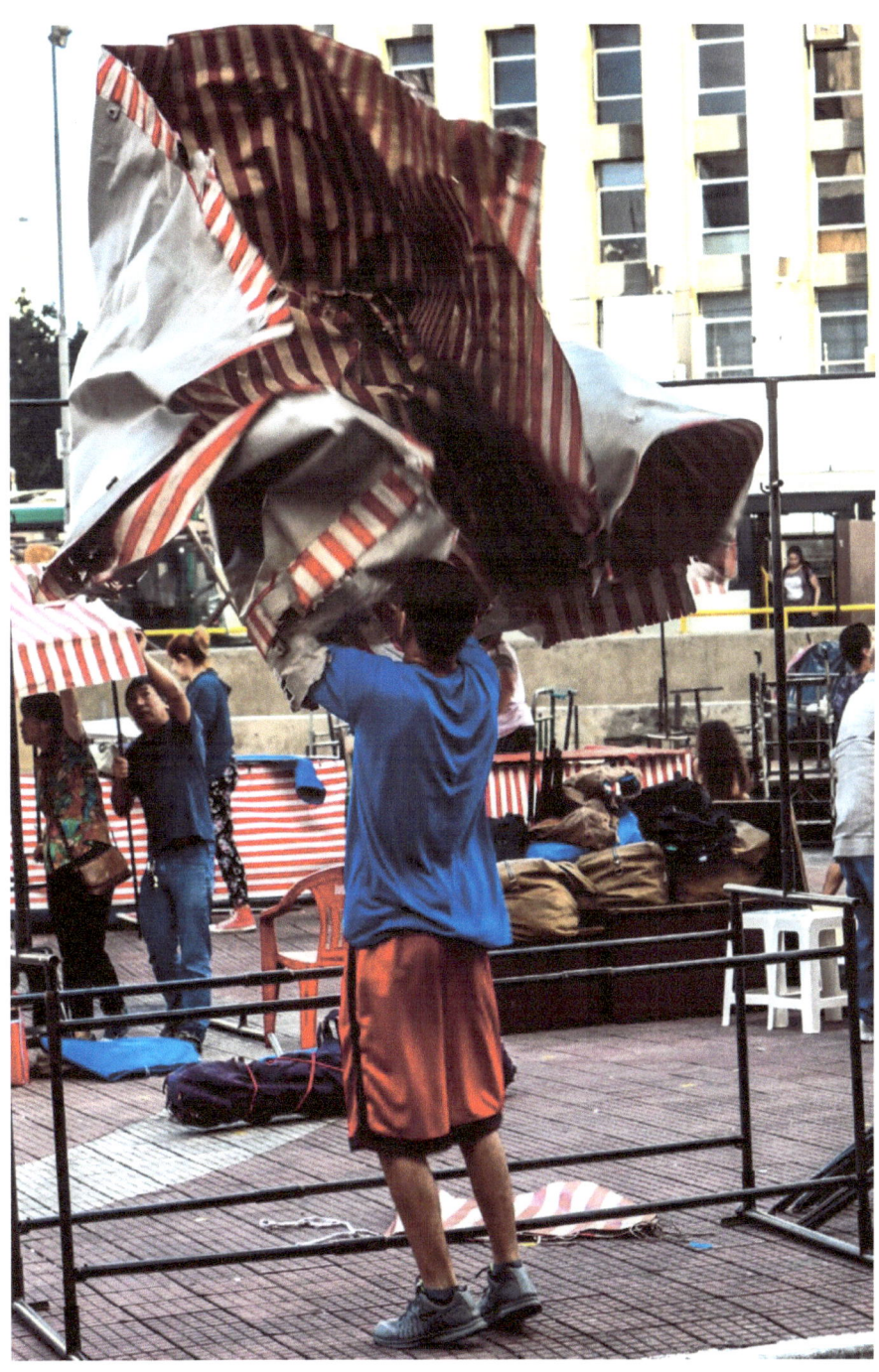

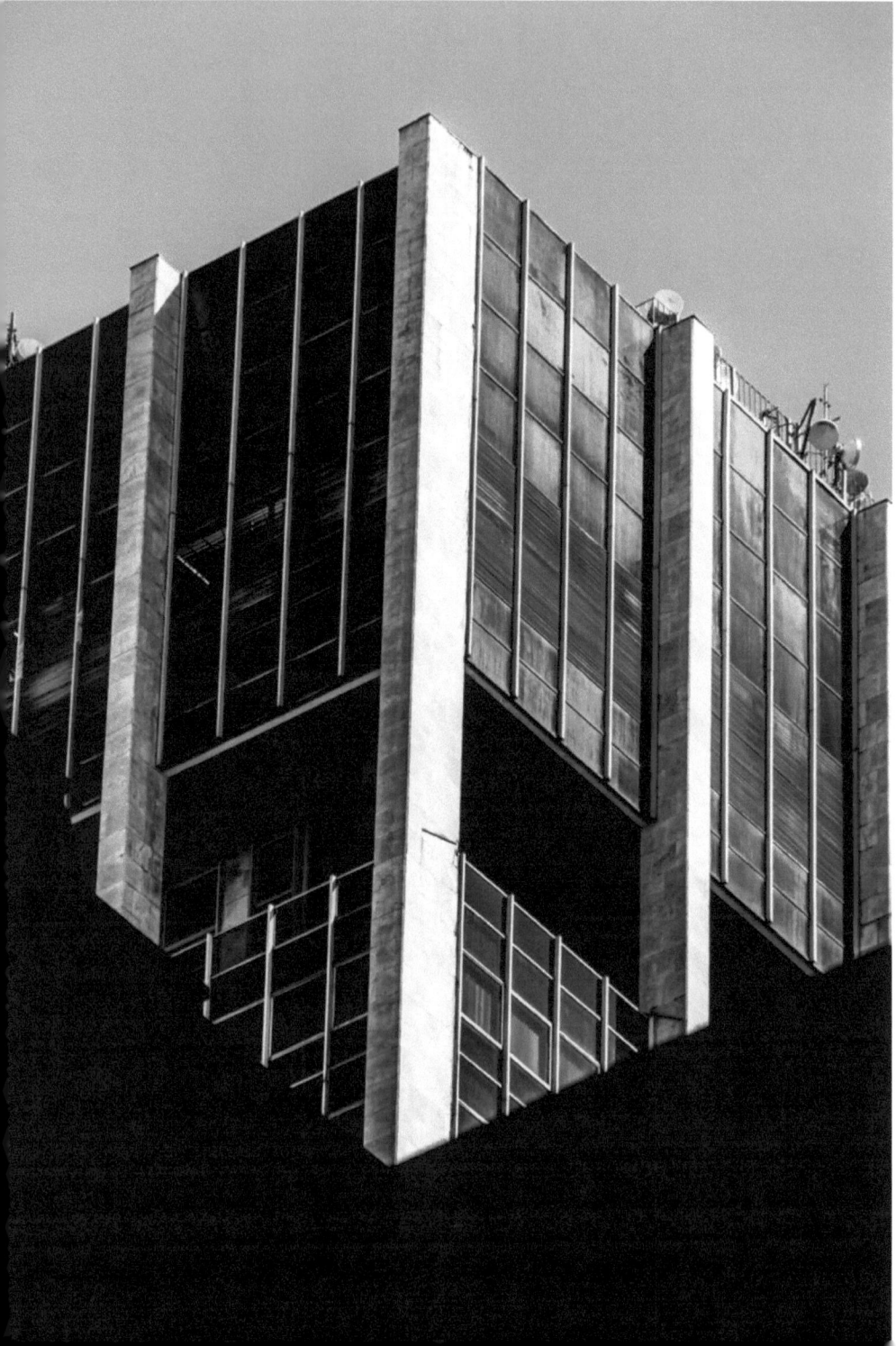

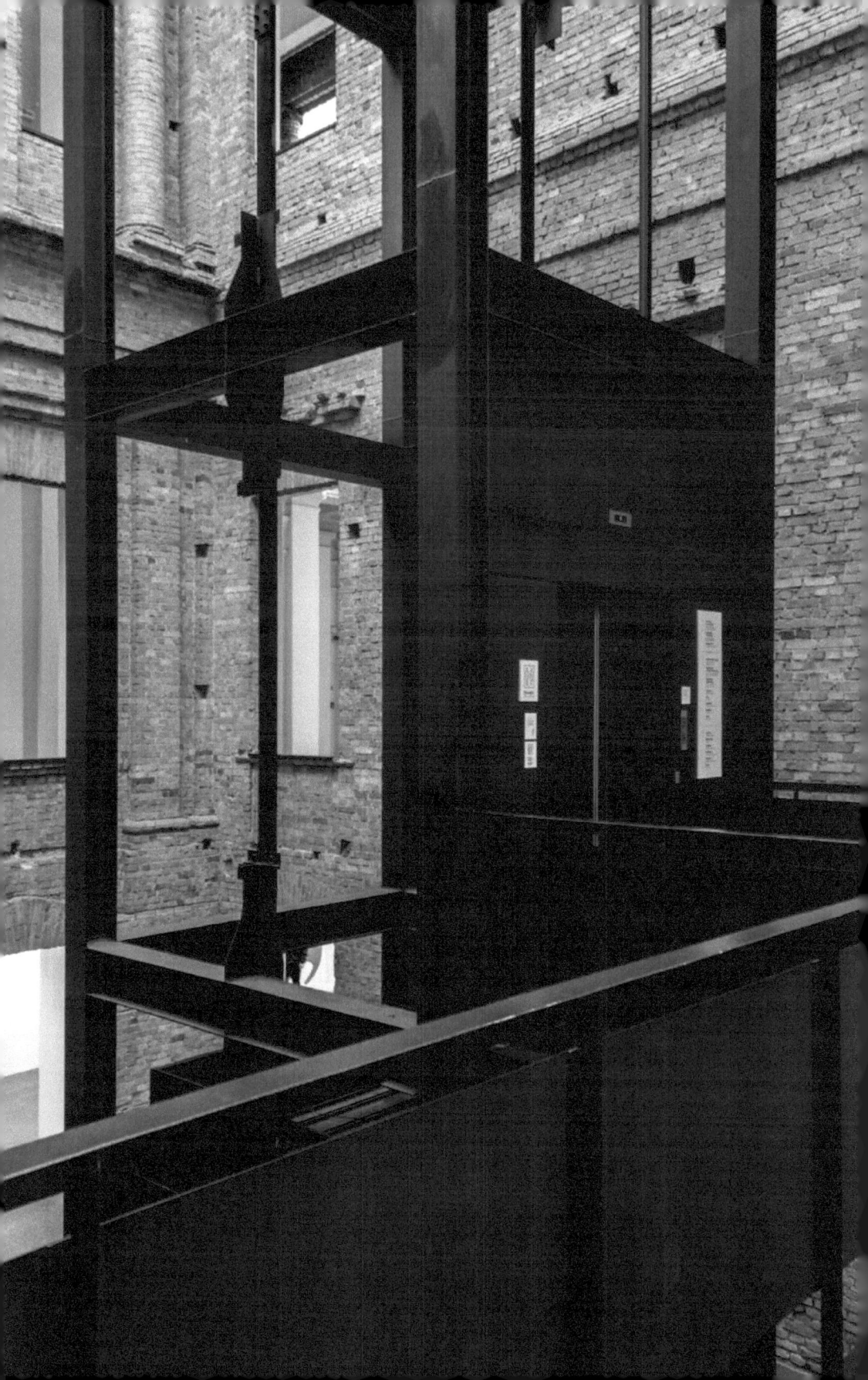

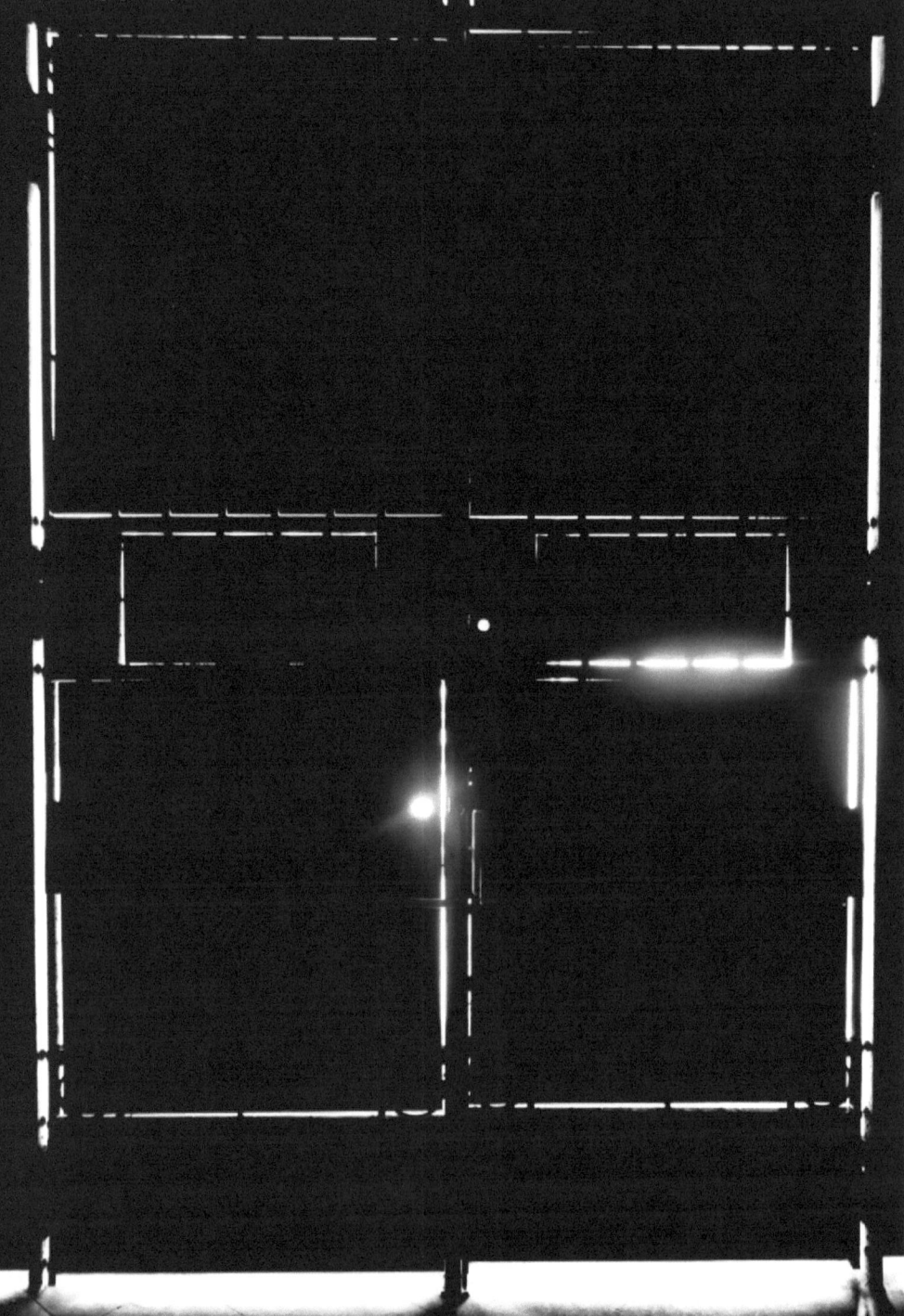

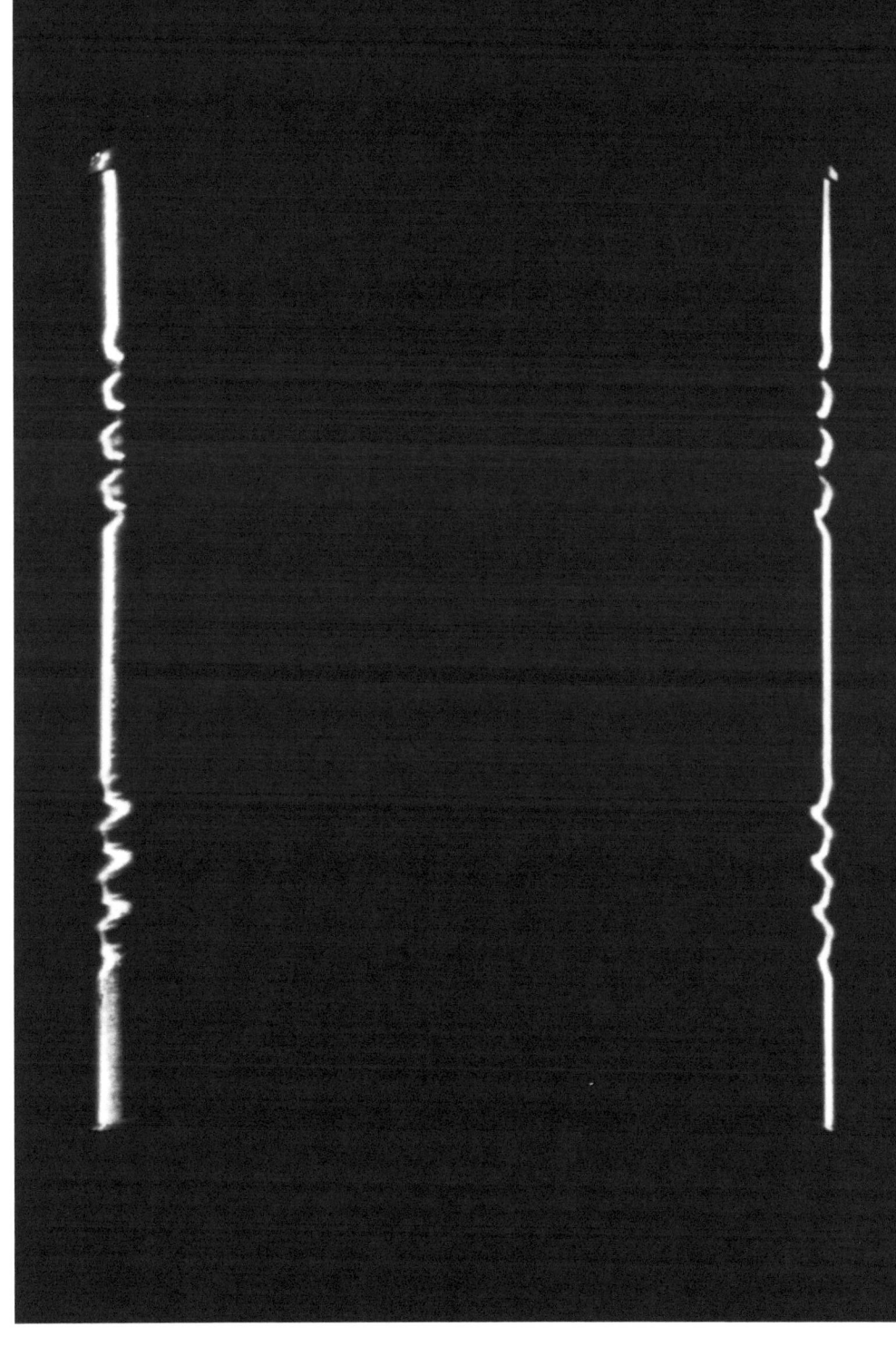

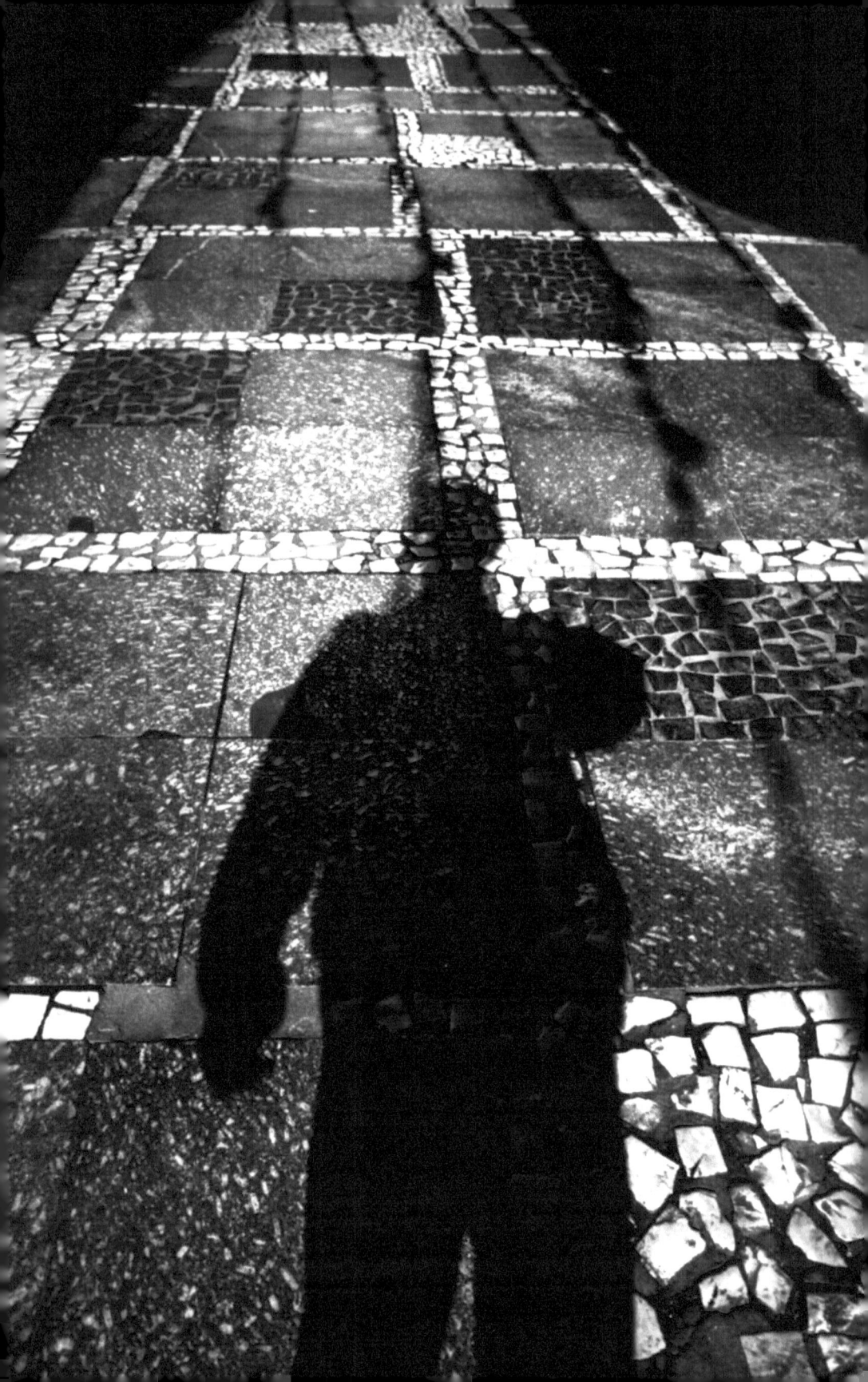

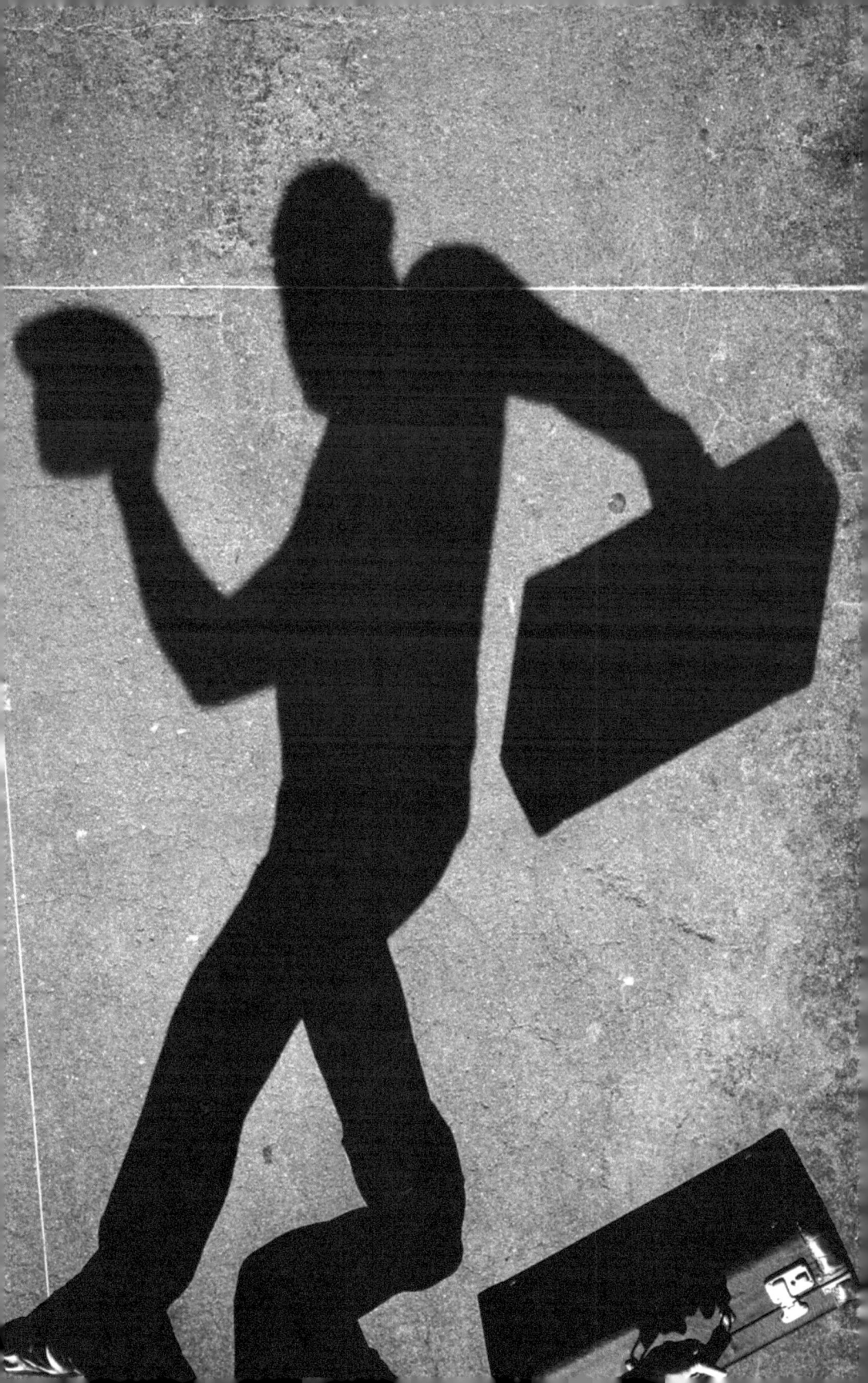

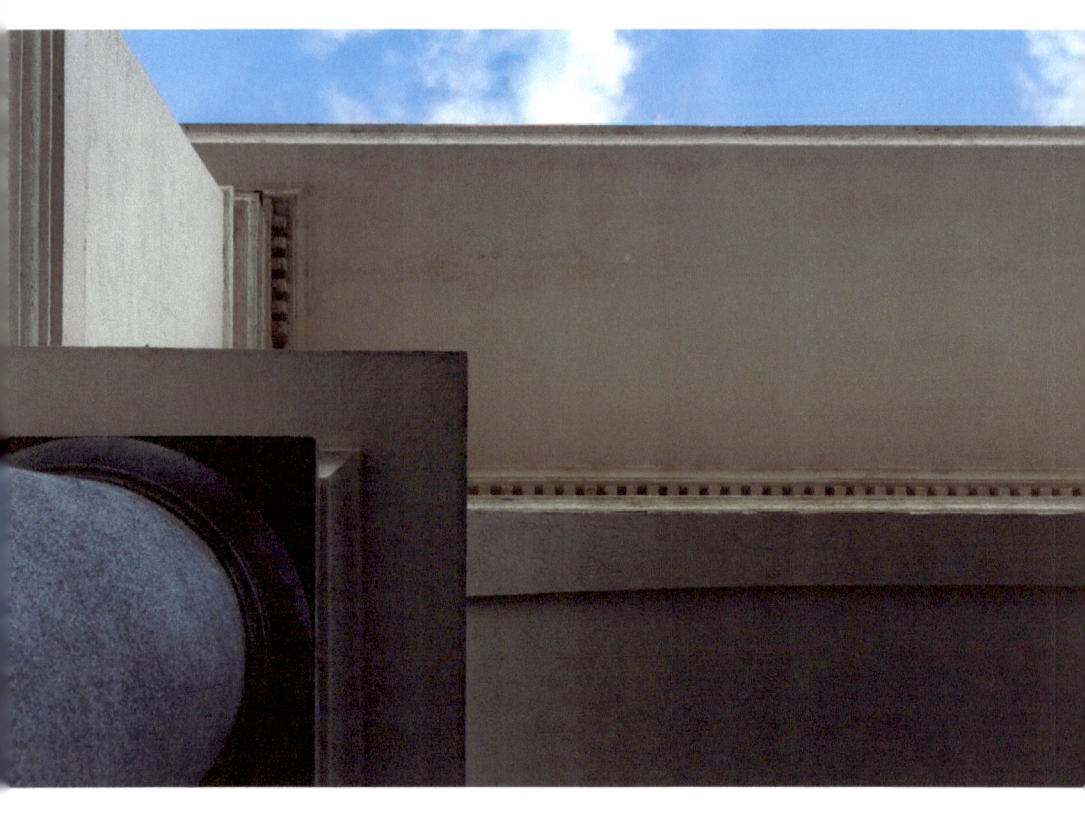

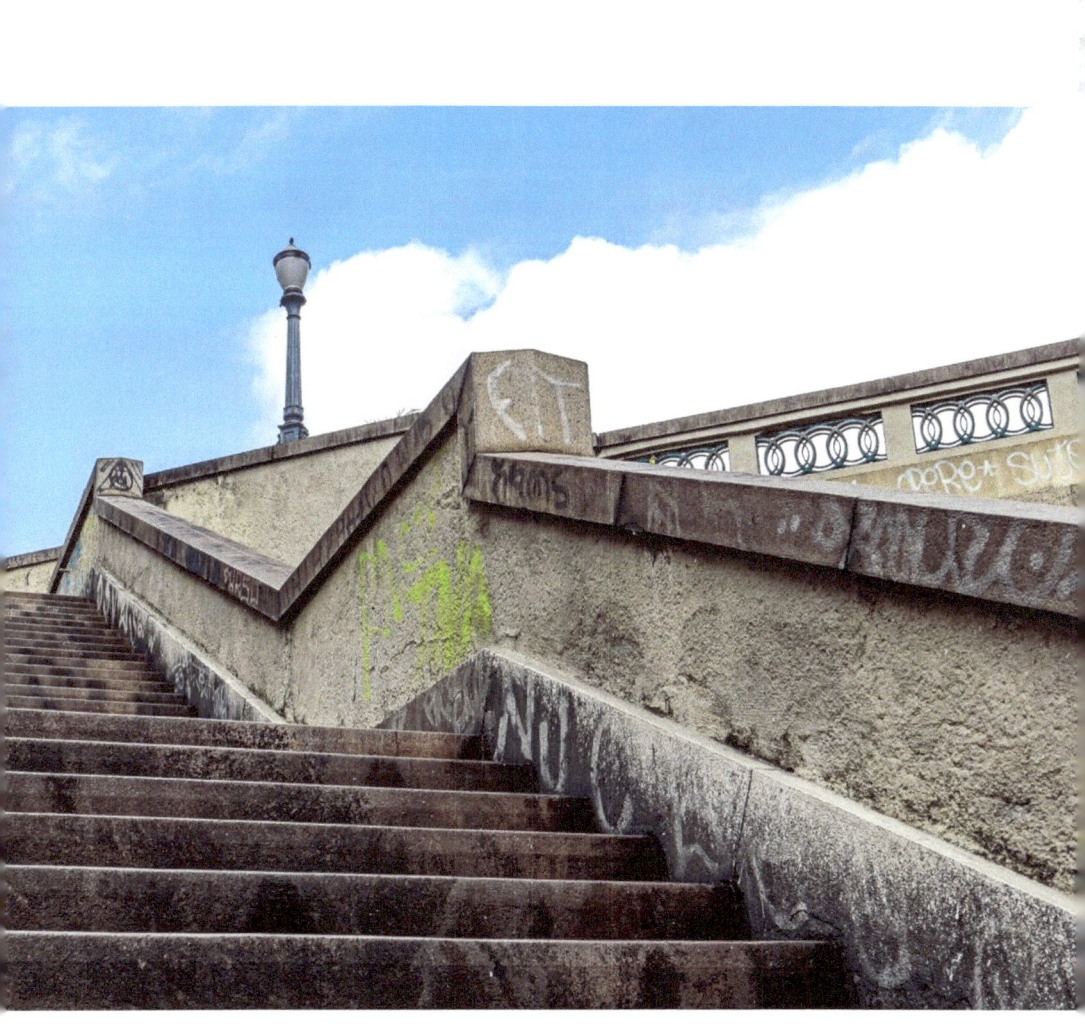

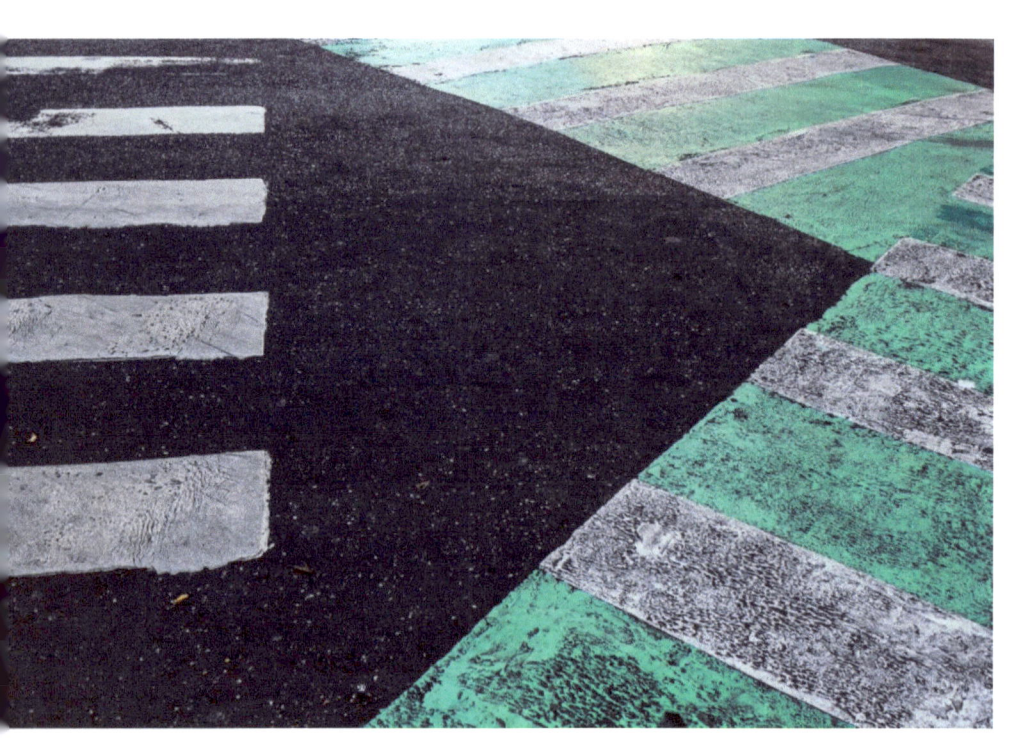

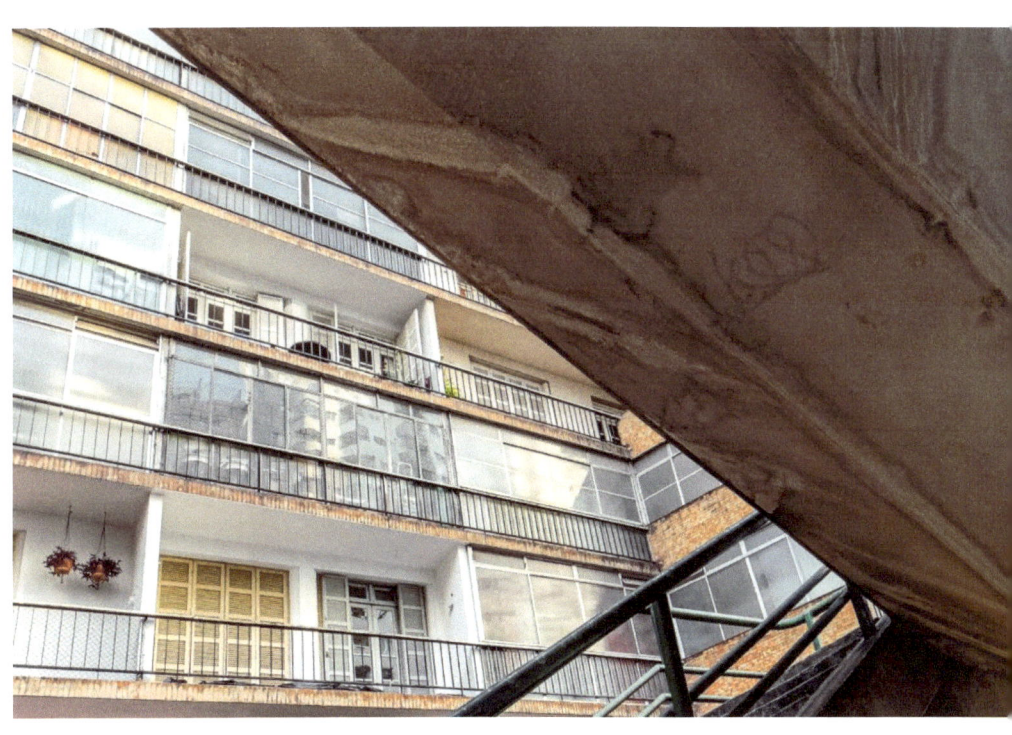

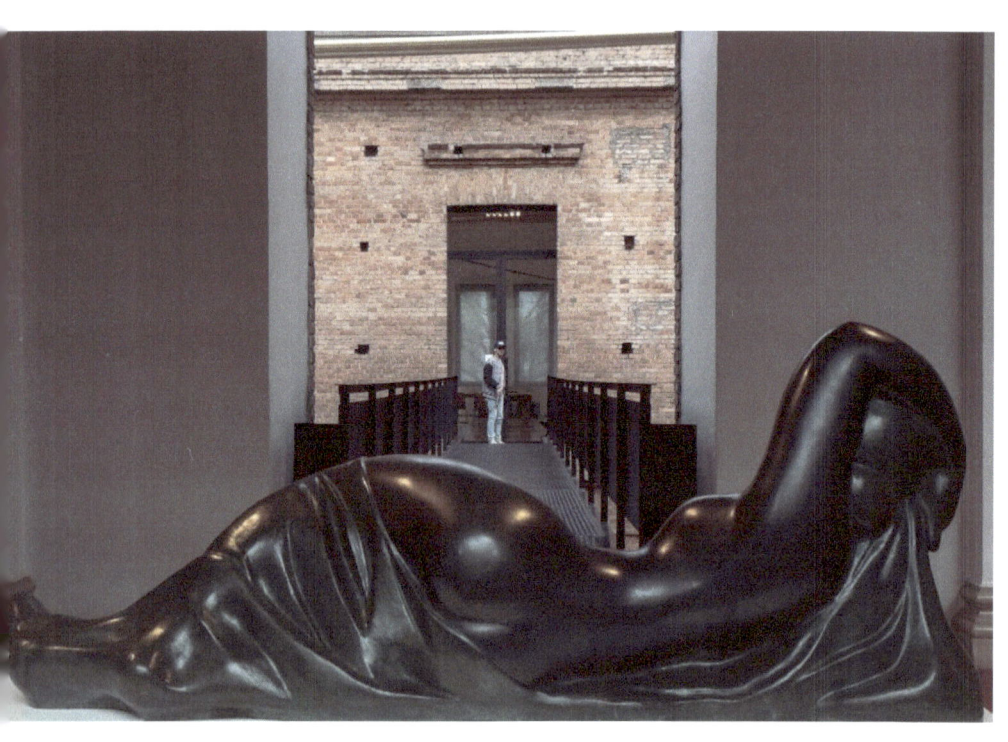

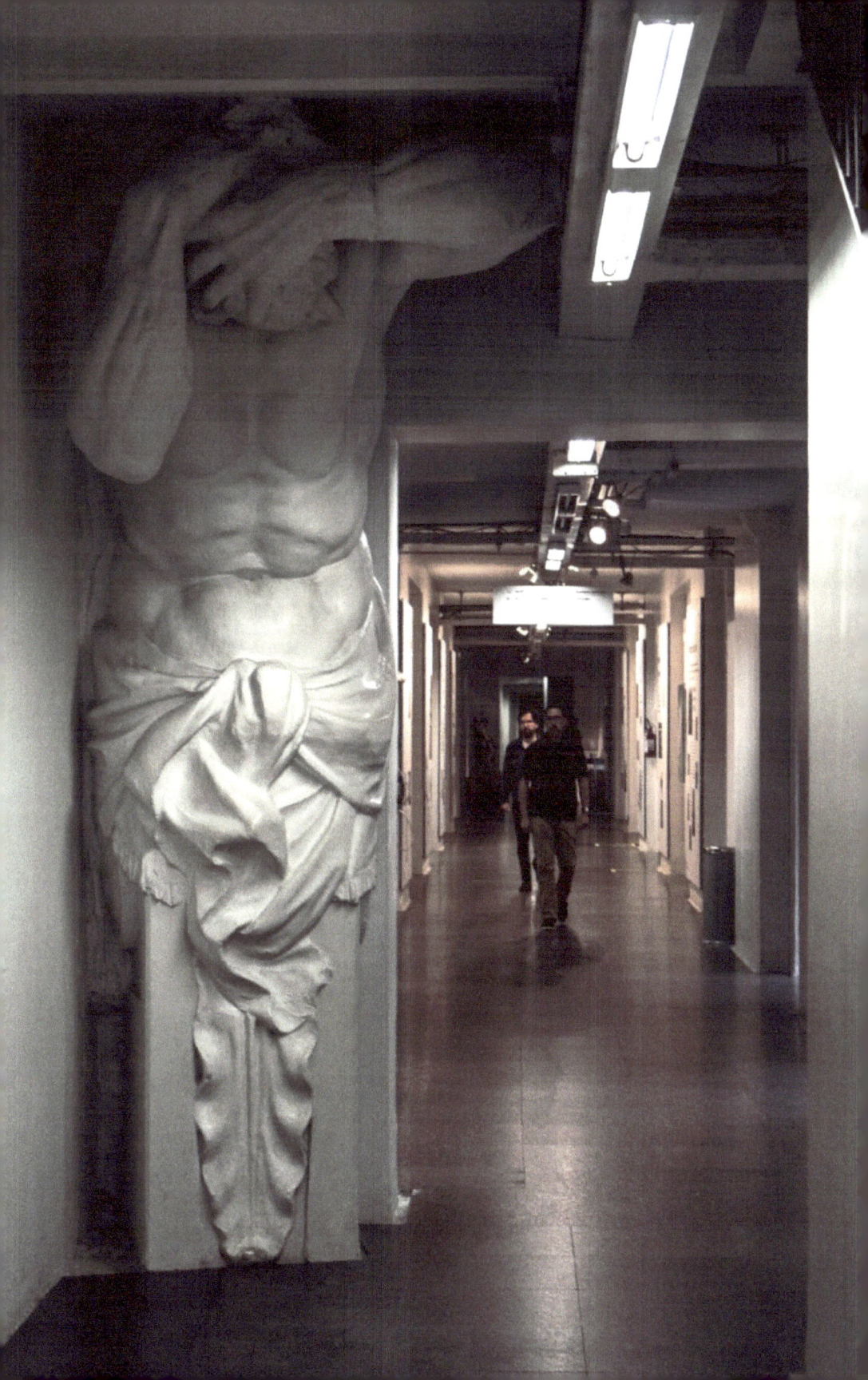

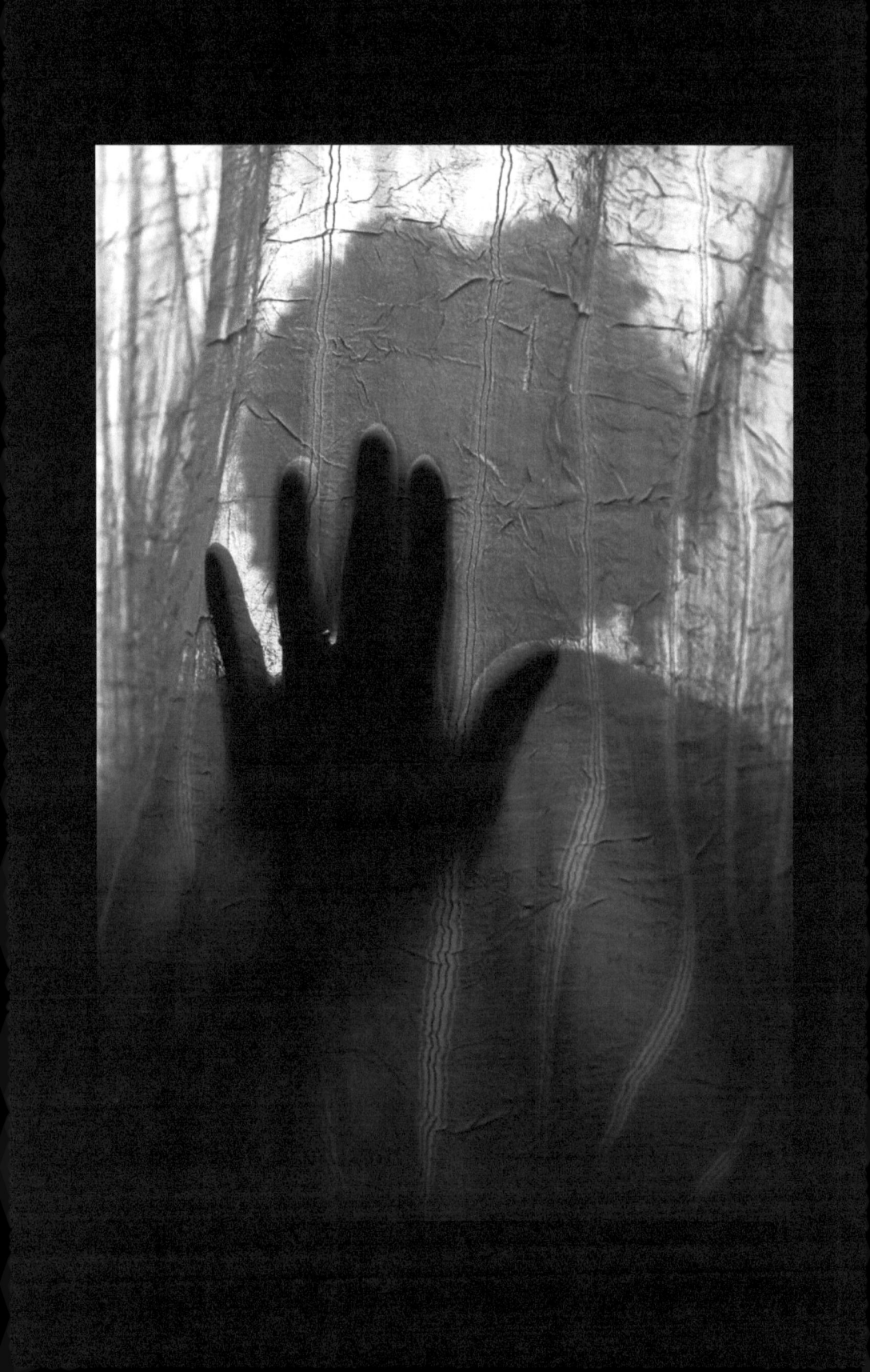

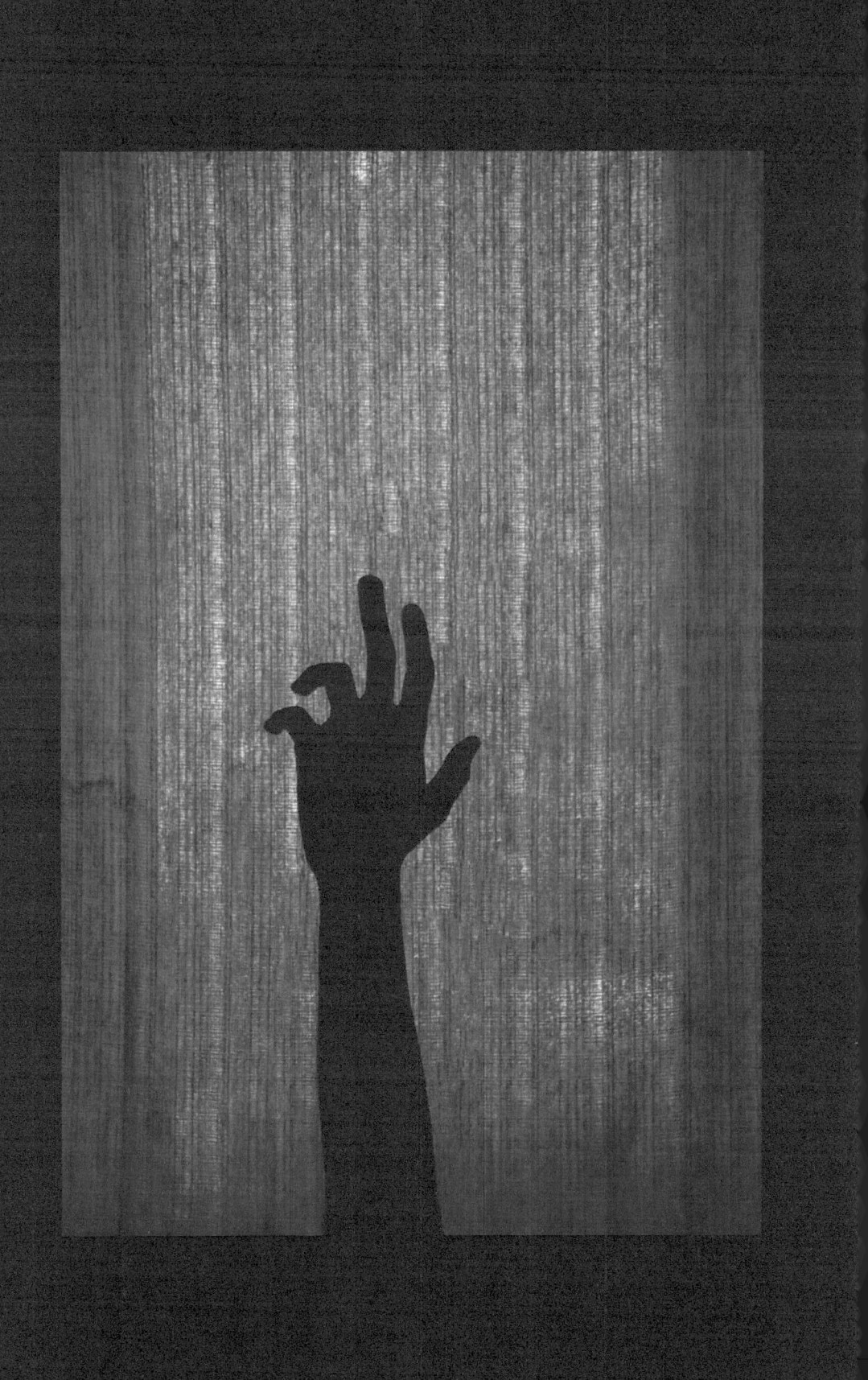

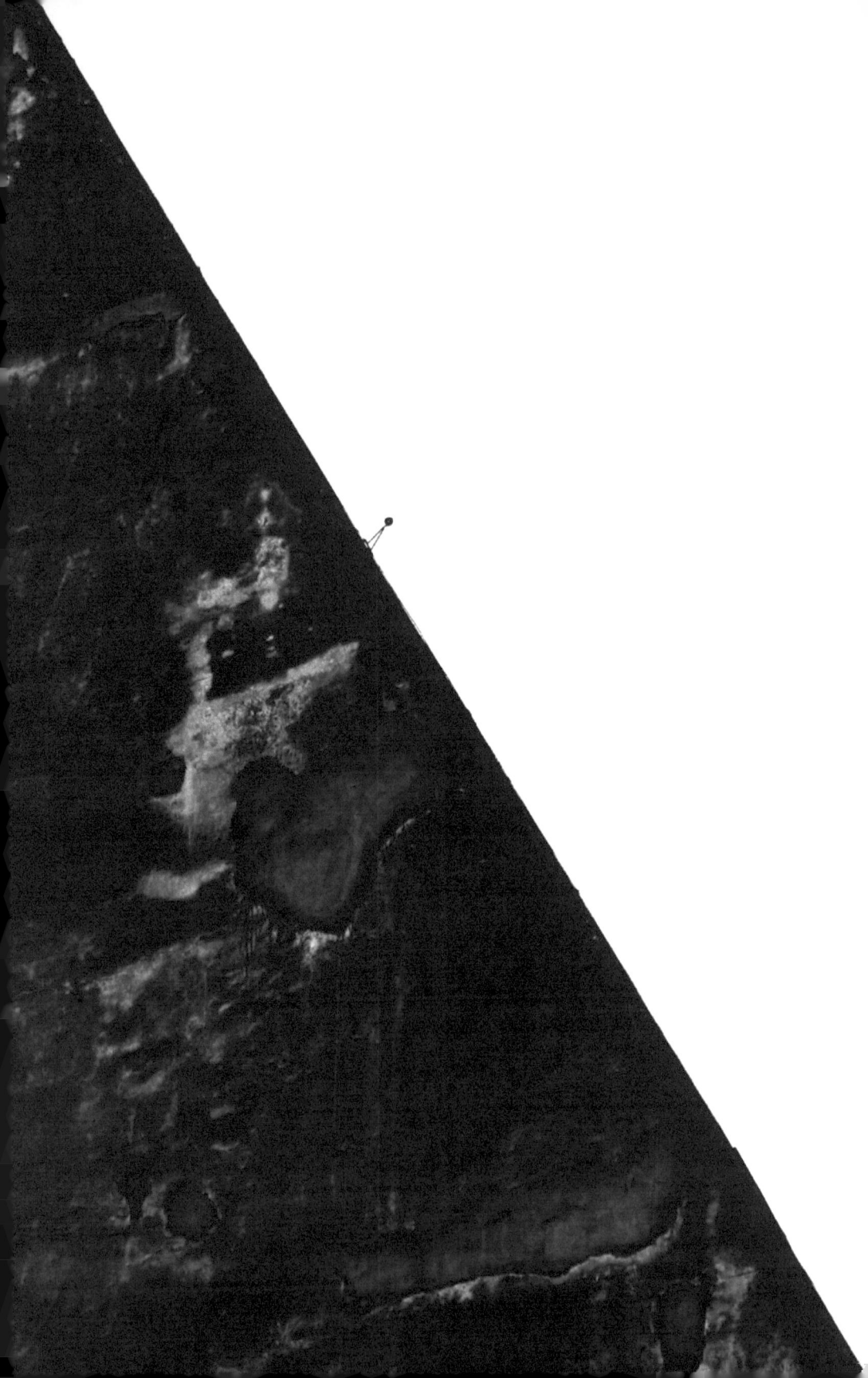

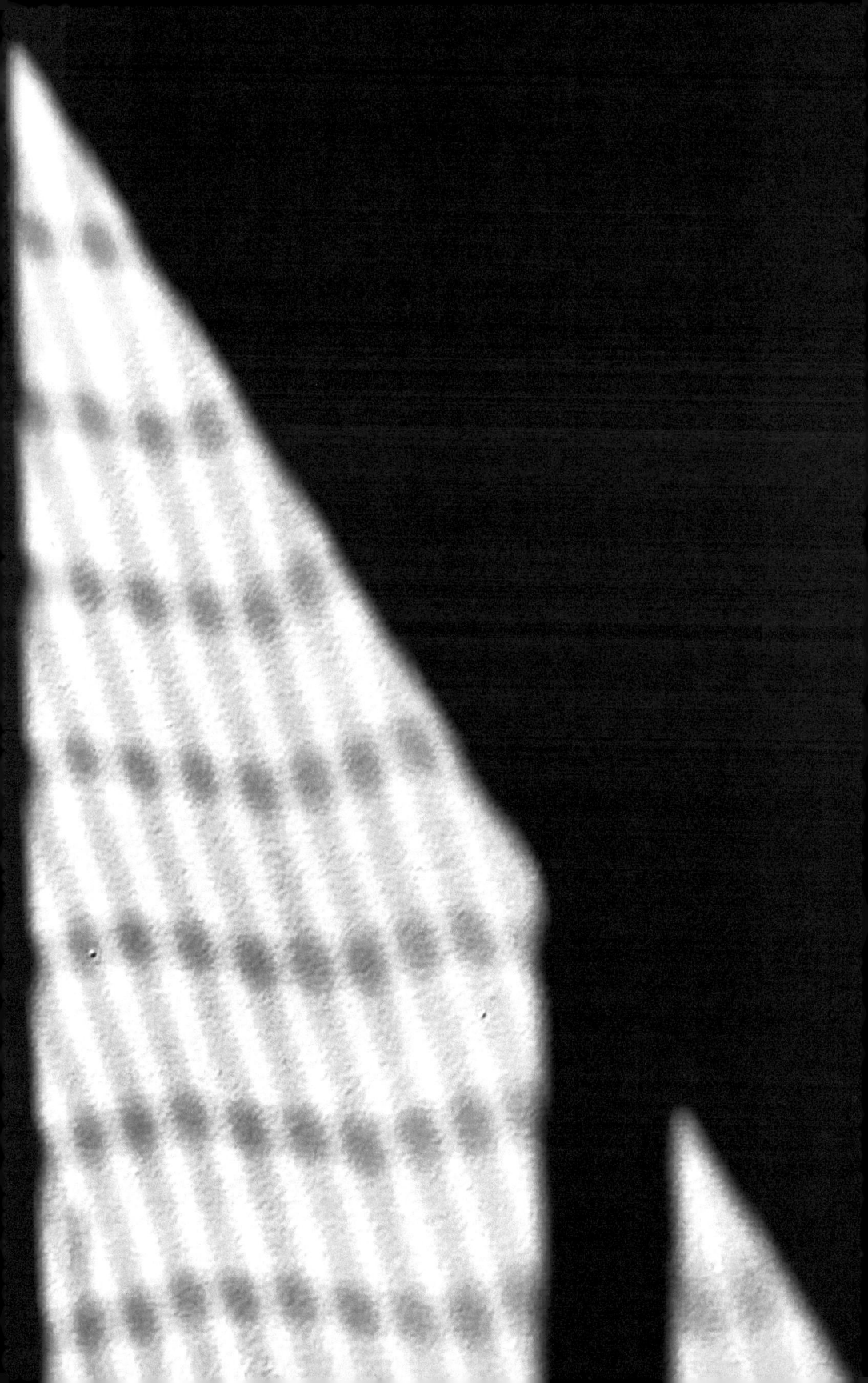

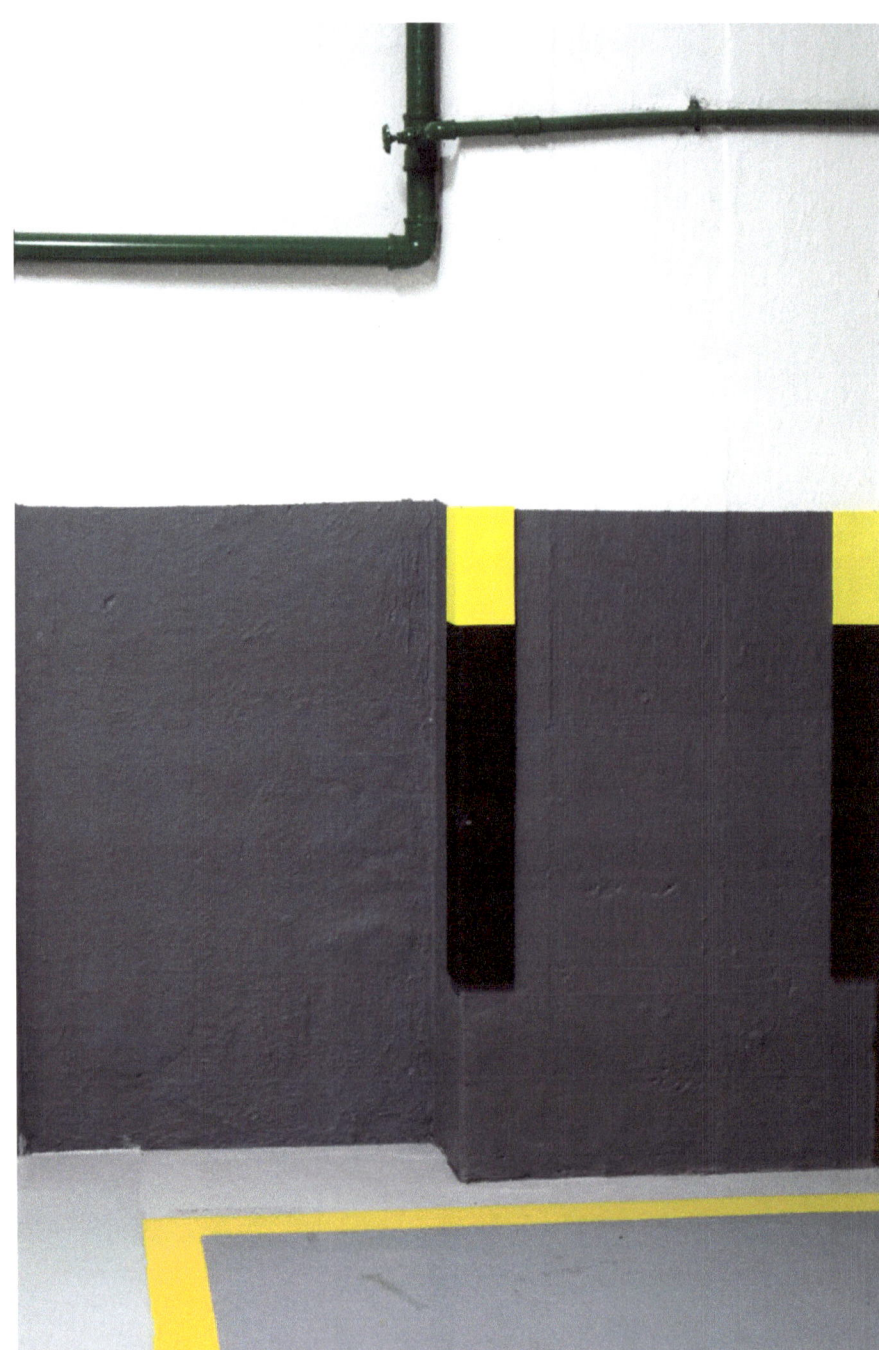

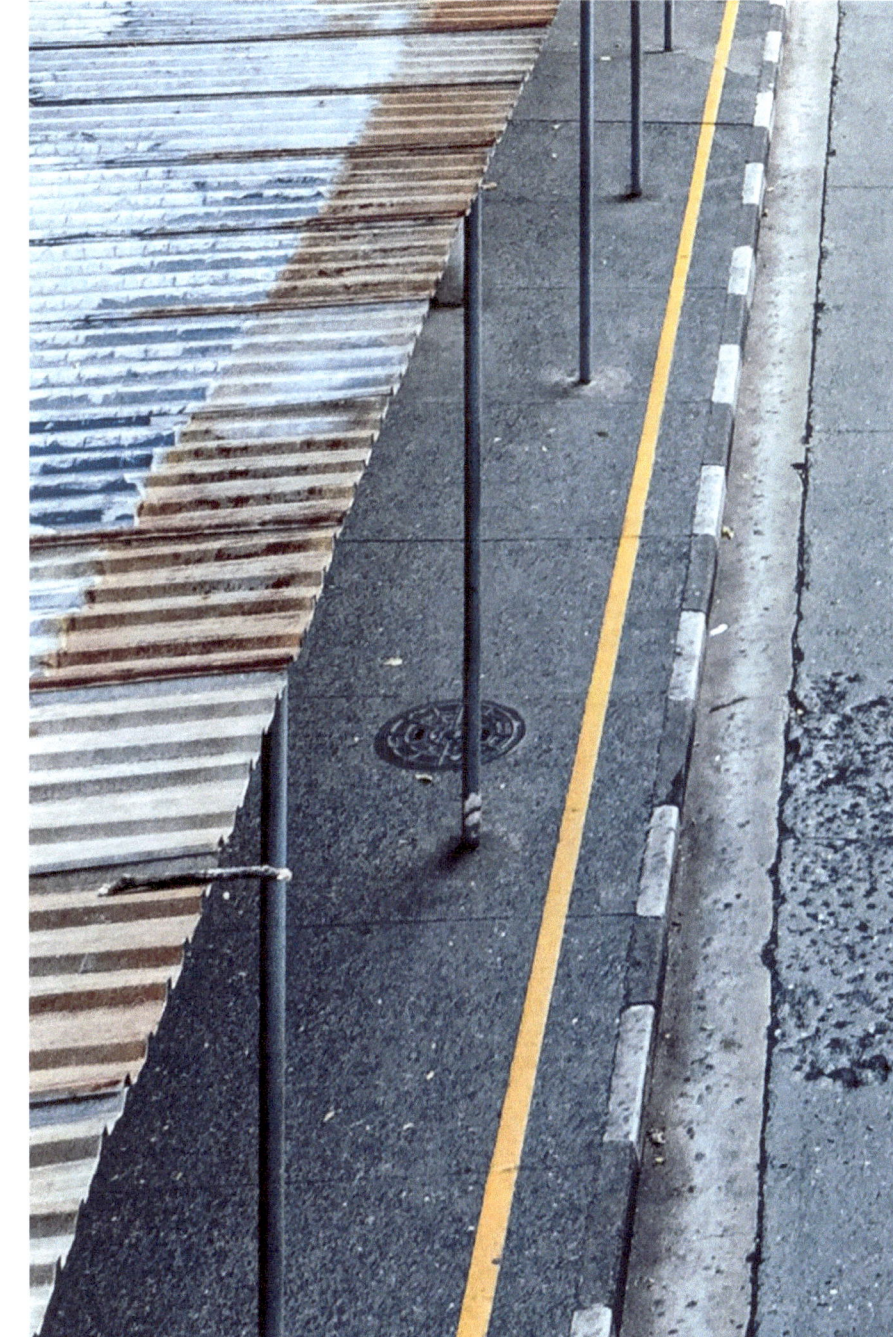

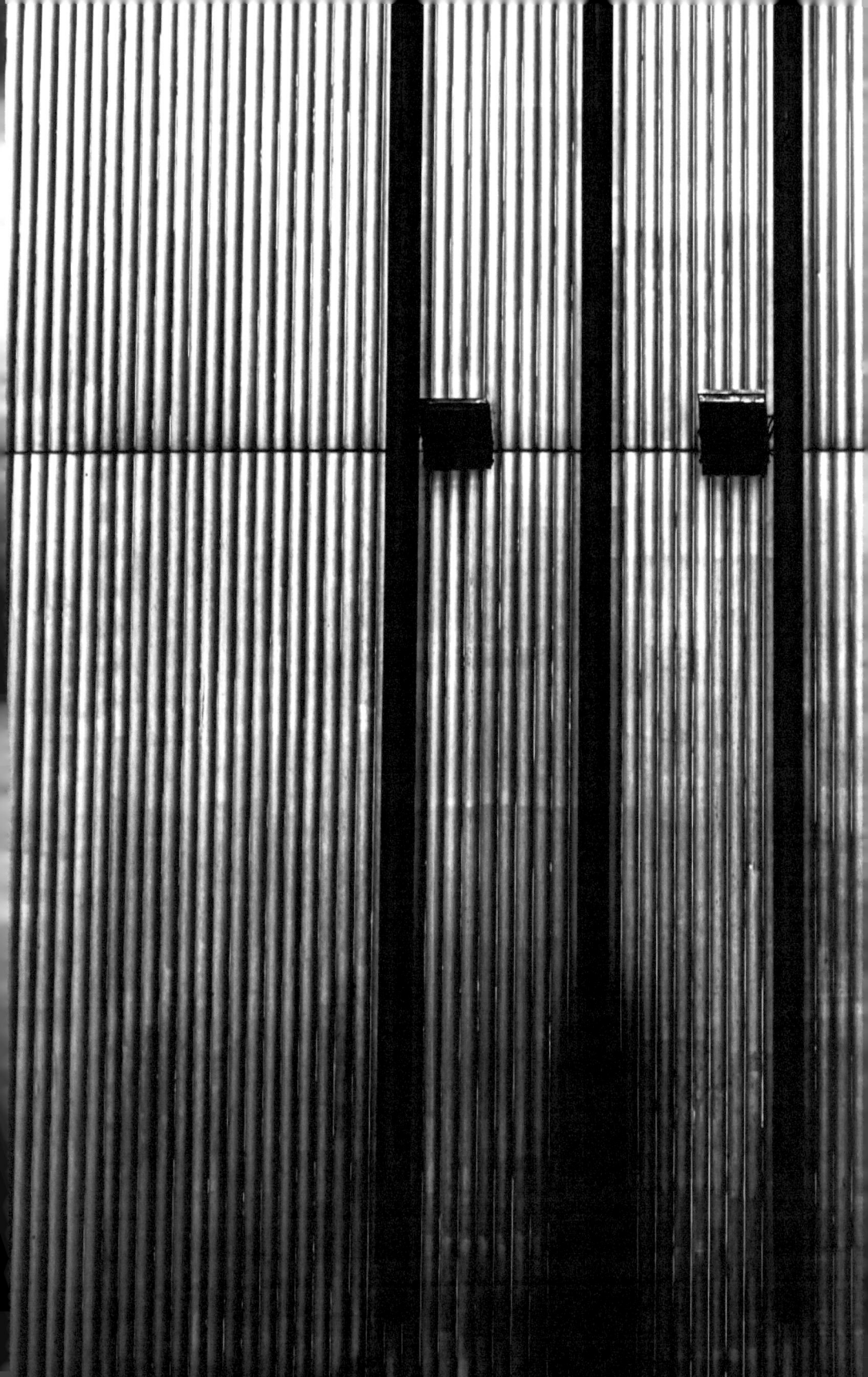

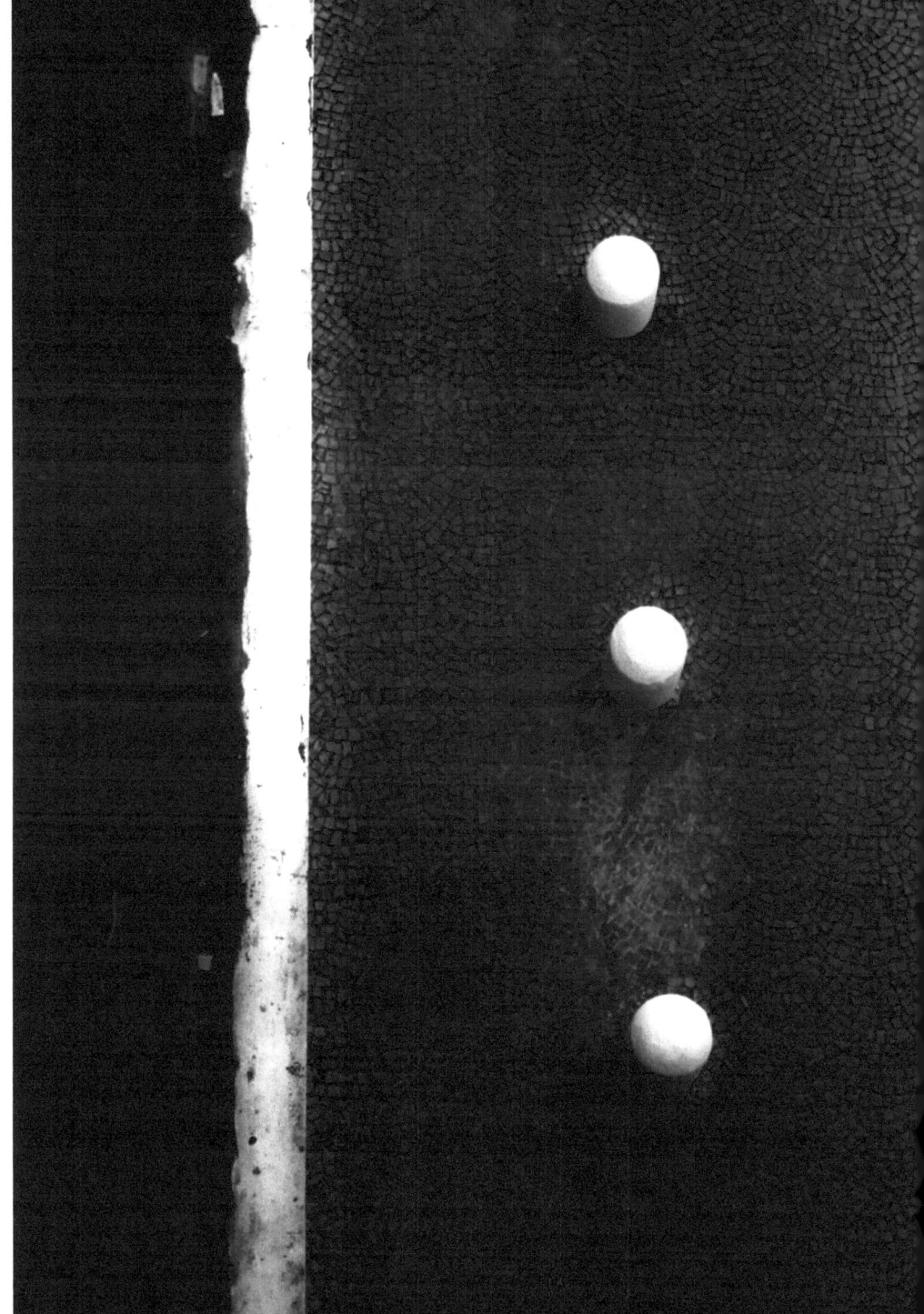

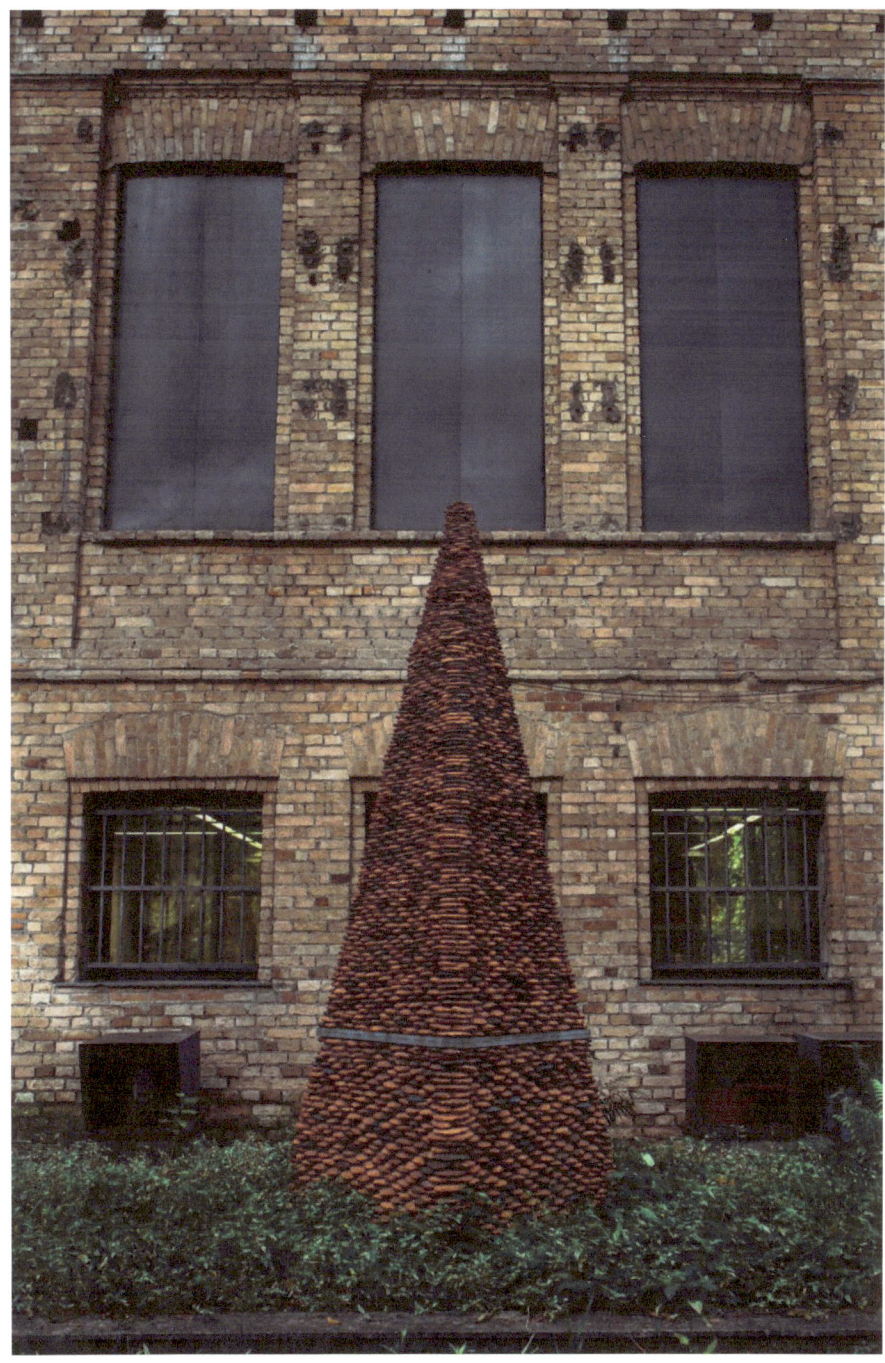

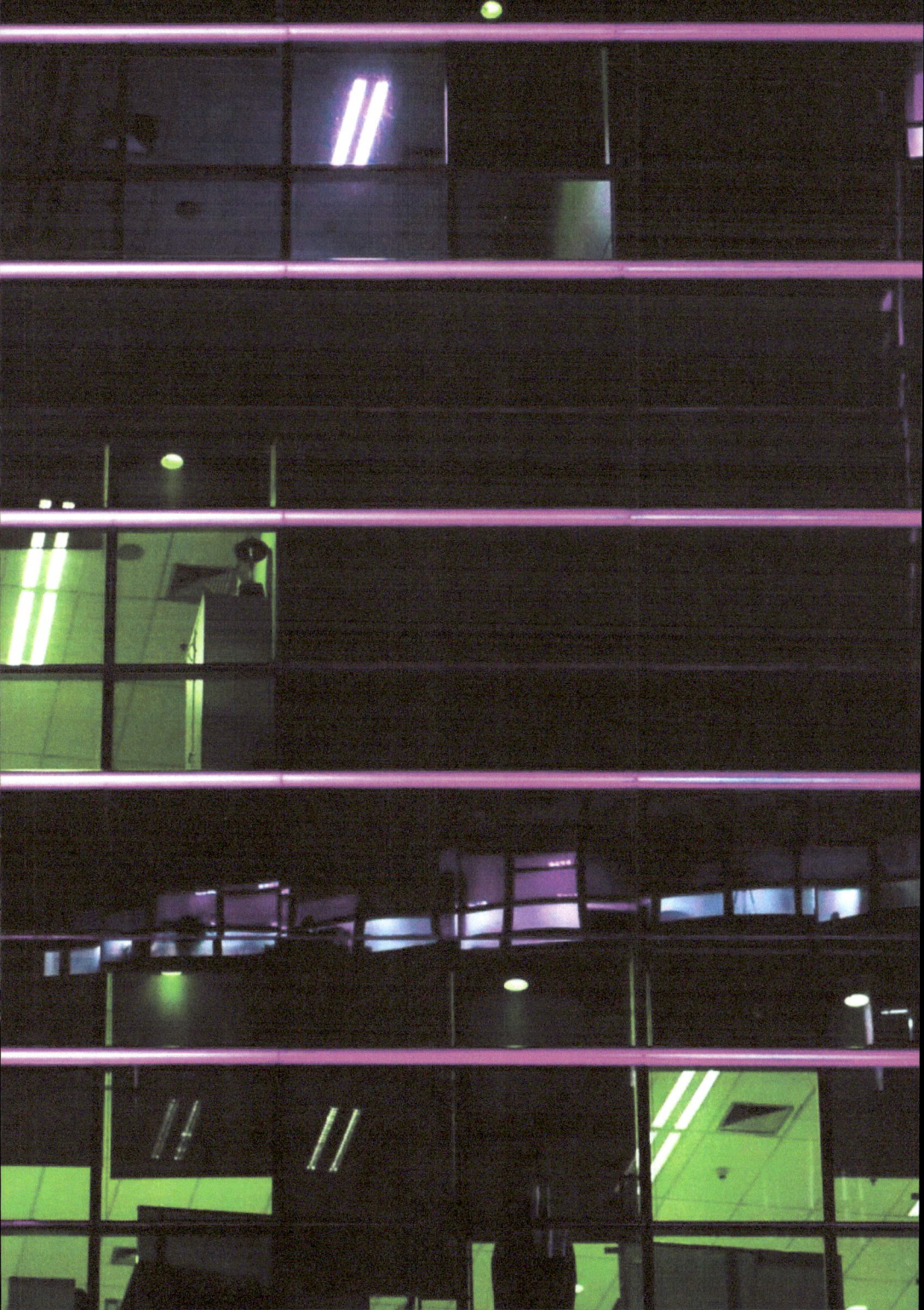

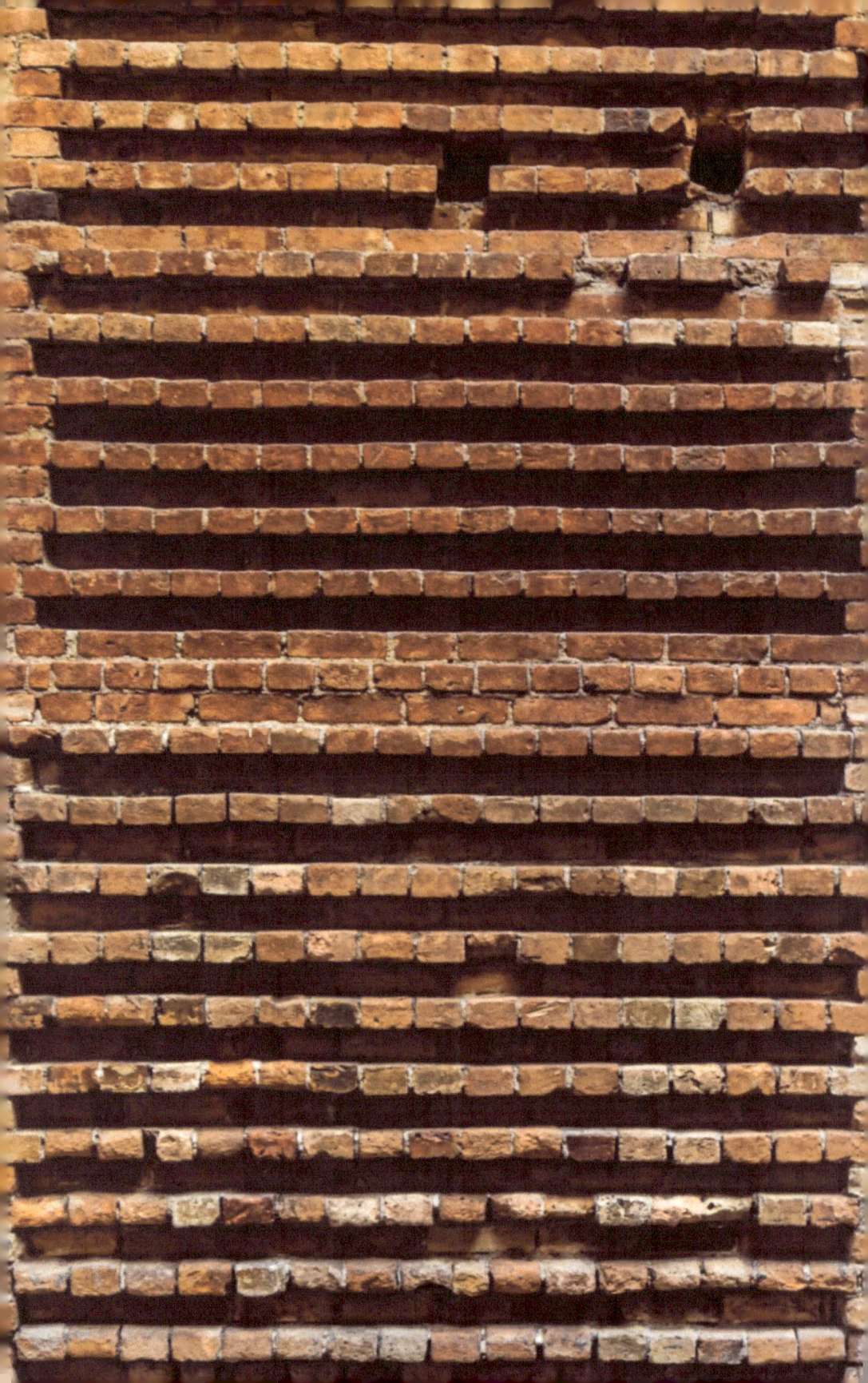

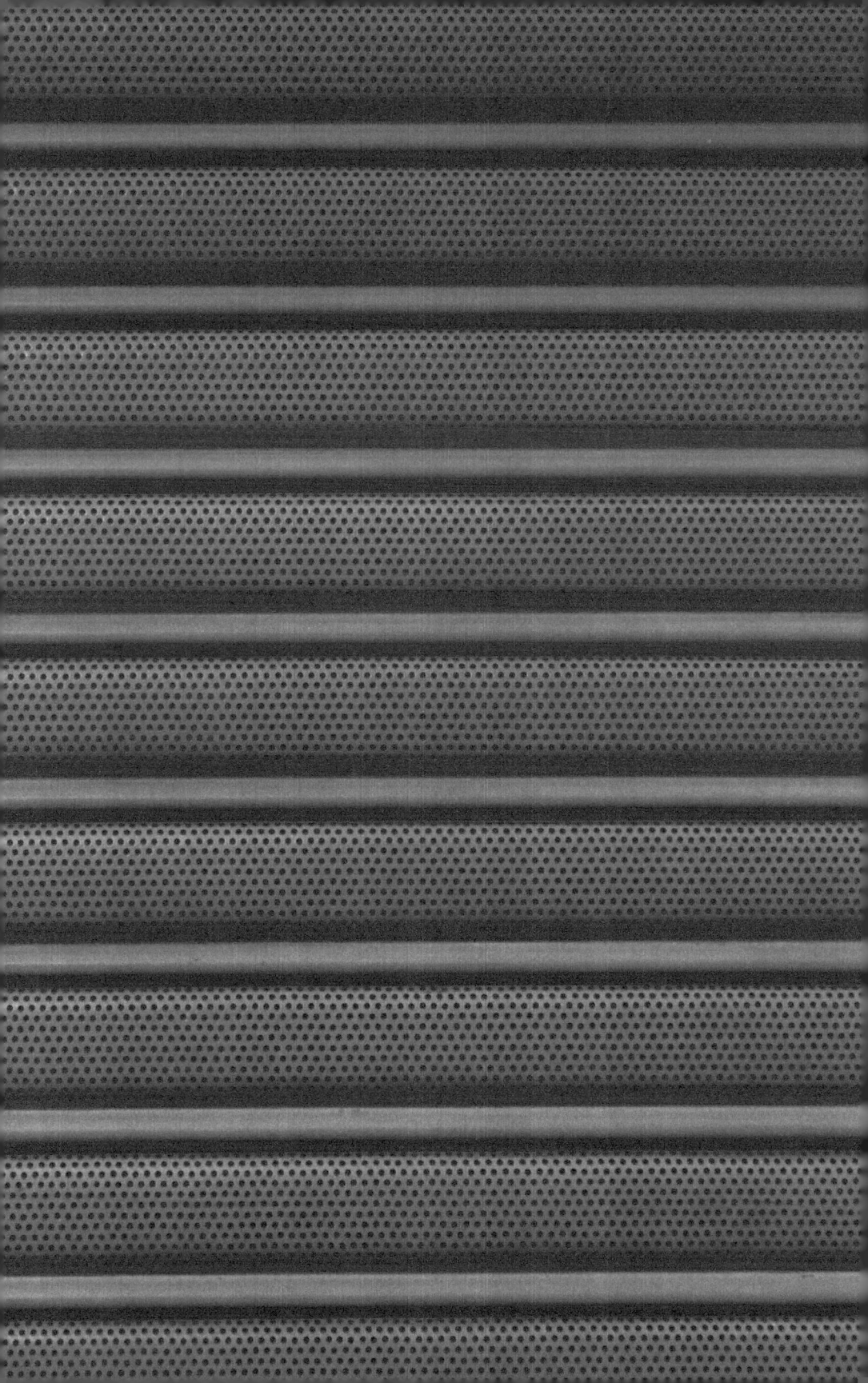

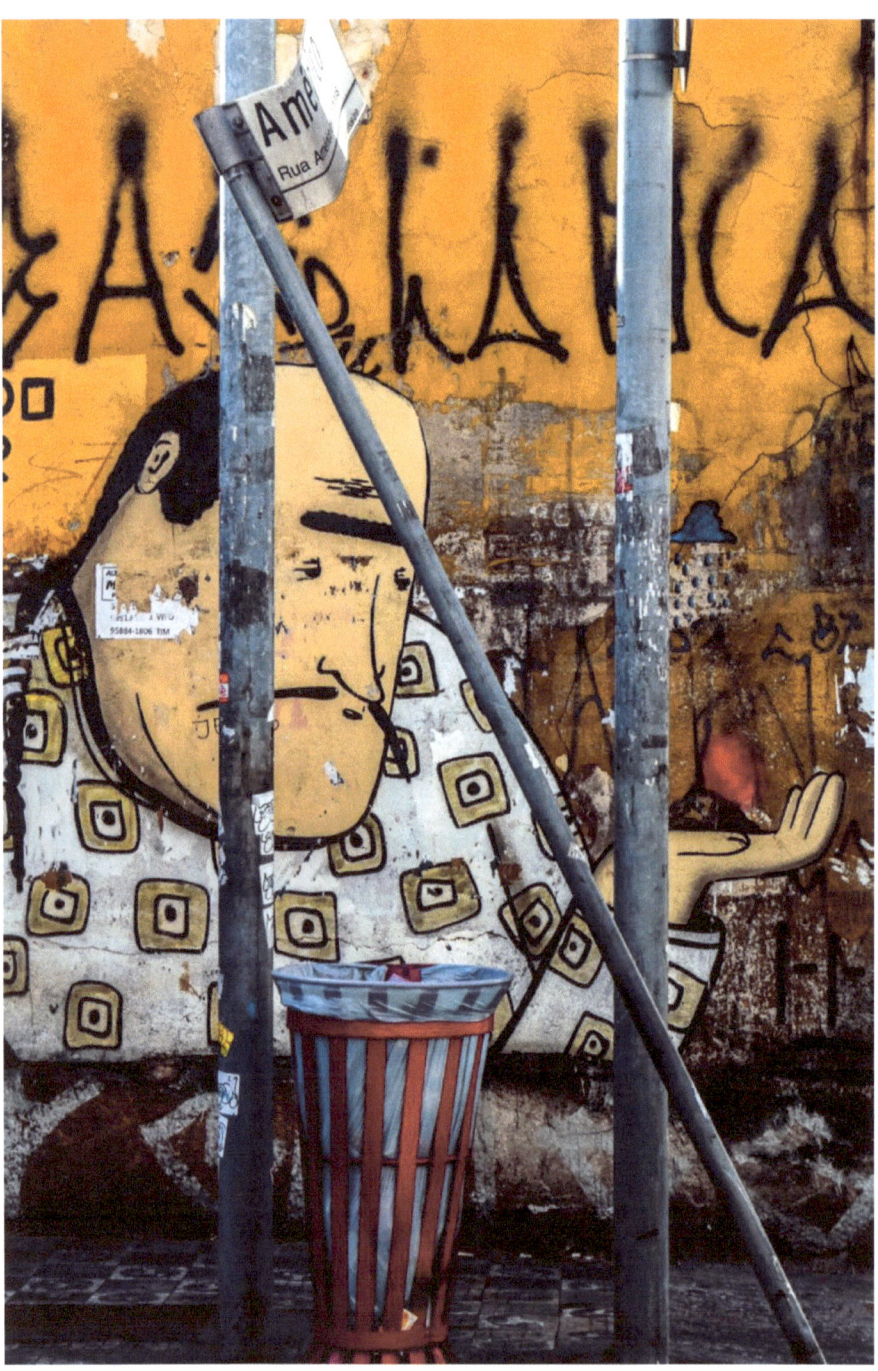

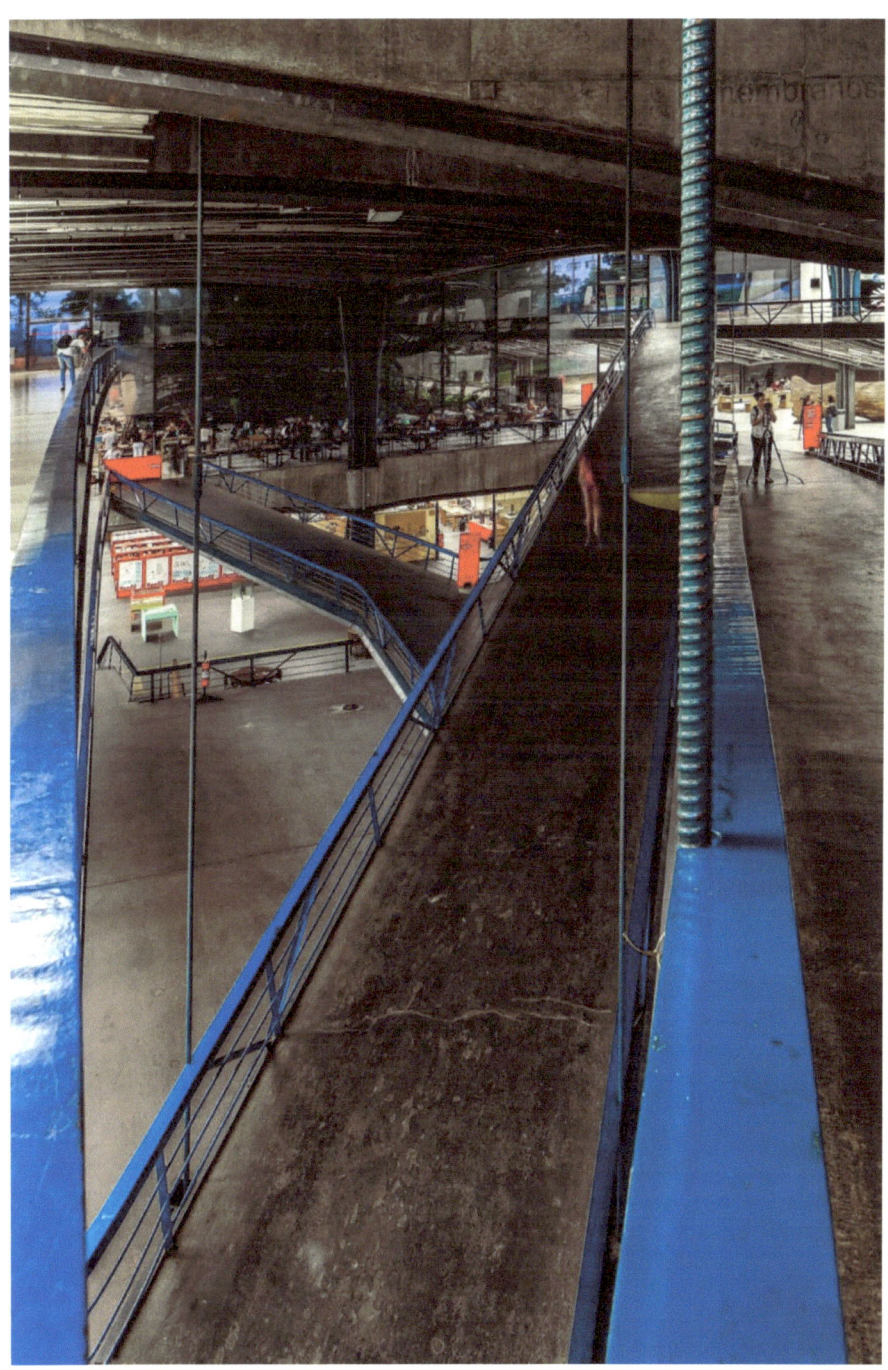

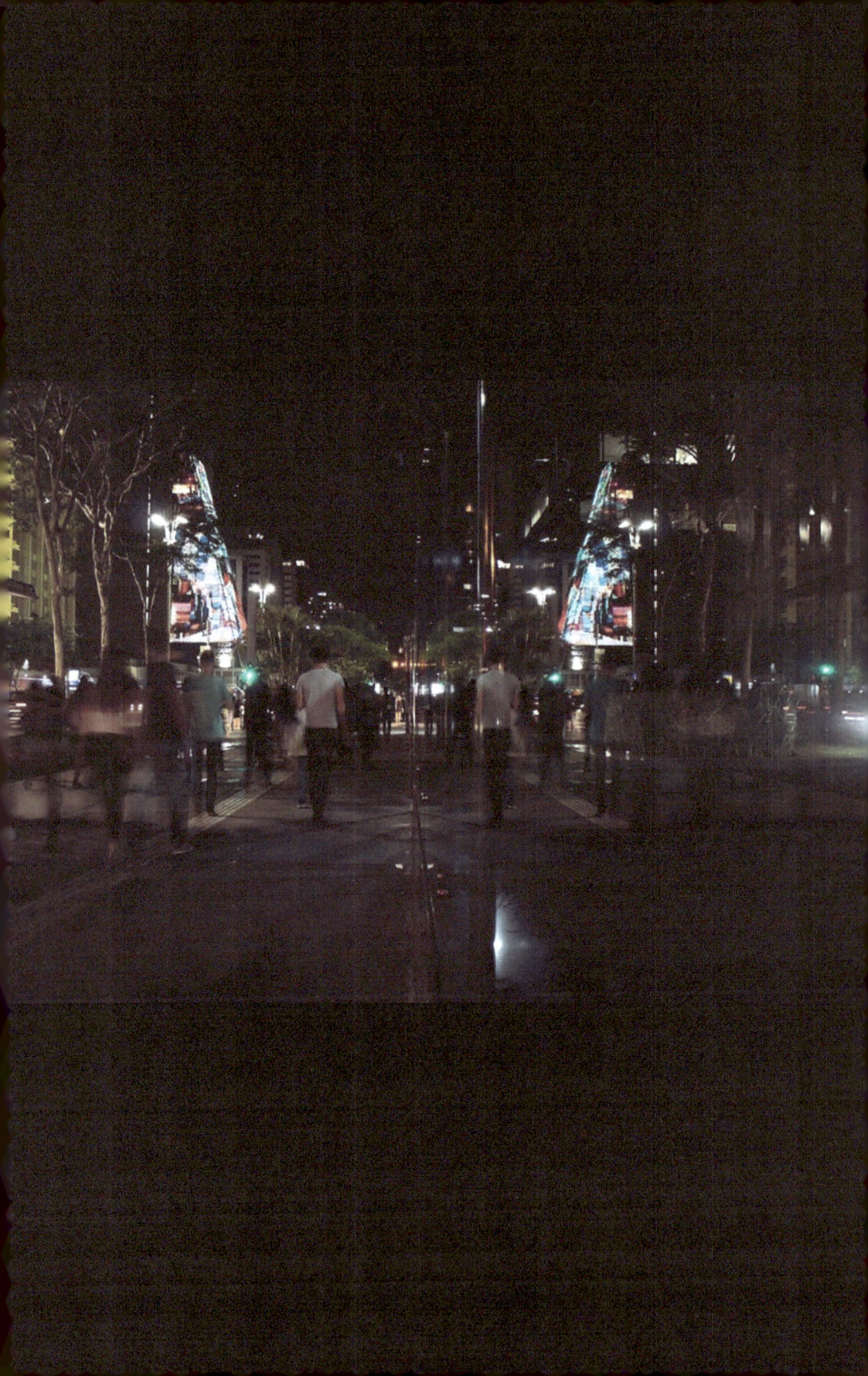

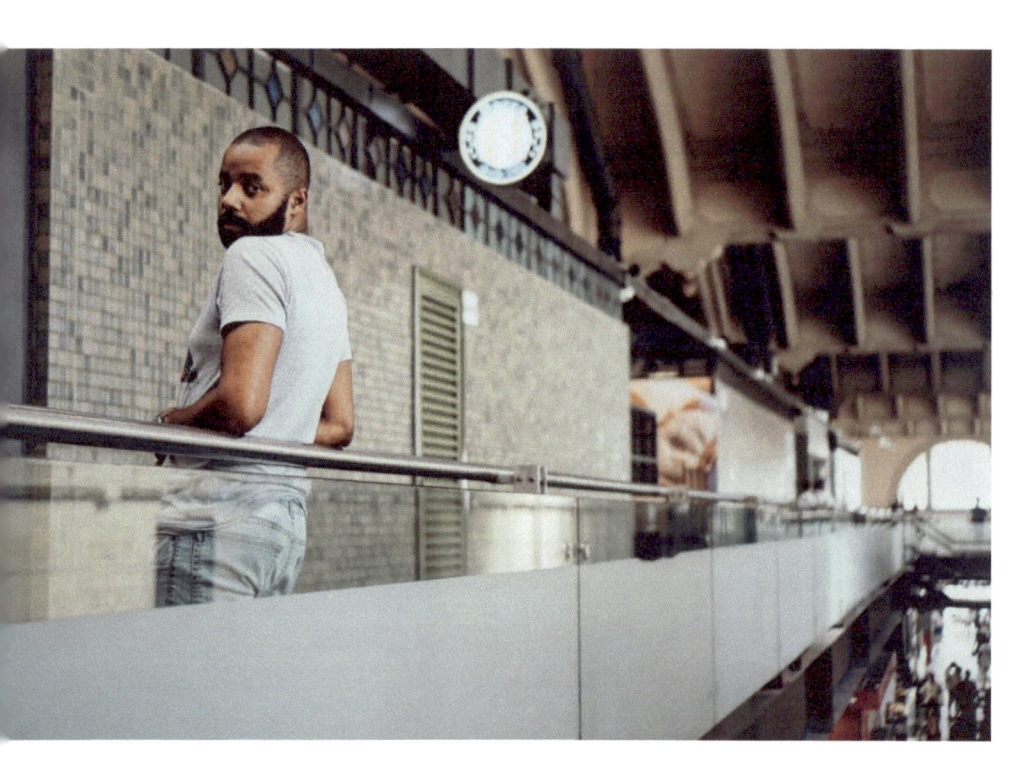

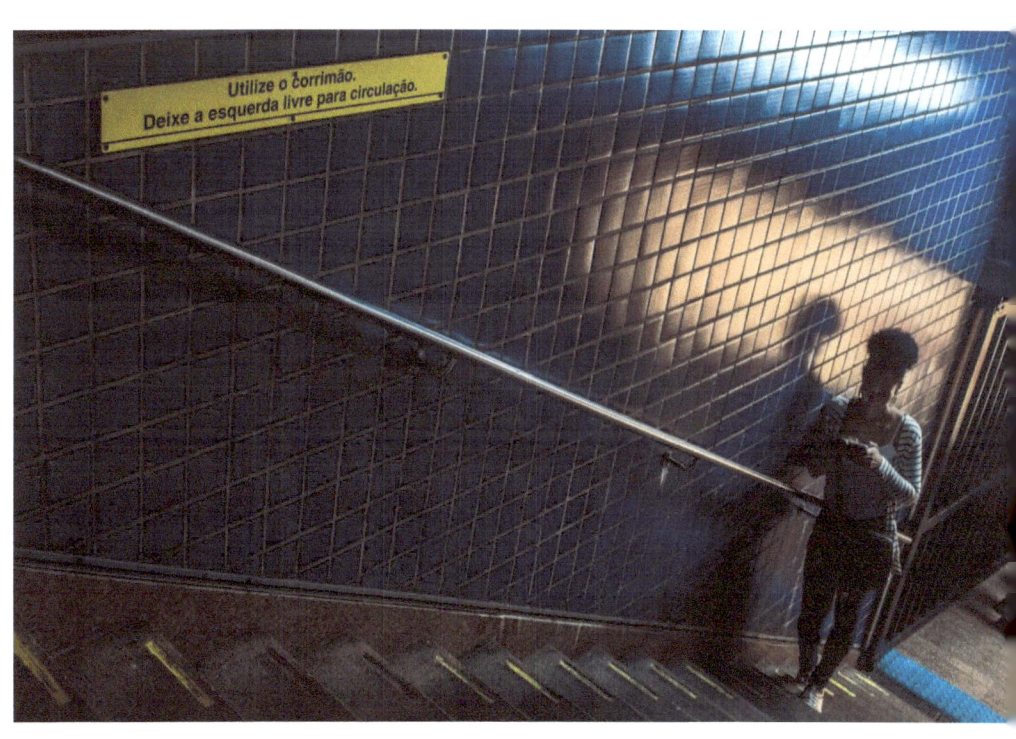

Edição de imagens
Yago Moreira

Diretora de arte
Thais Pascotto

Texto
Julio Bomfim

Imagem de capa
Guilherme Botelho

Fotografias
Alessandra Abbud
Débora Luongo
Guilherme Botelho
Henrique Roberto
Julio Bomfim
Nelson Octavio
Renato Nogueira
Thais Pascotto

www.ingramcontent.com/pod-product-compliance
Lightning Source LLC
Chambersburg PA
CBHW040323220526
45473CB00009B/2547